L'islamisme raconté à ma fille

Et aux Occidentaux qui n'ont rien compris à l'Islam

Hamid Zanaz

L'islamisme raconté à ma fille

Et aux Occidentaux qui n'ont rien compris à l'Islam

Editions Tatamis

Chère S.

Tu tenais à m'interpeller sur un sujet qui te tient à cœur, je ne pouvais plus reporter cela éternellement.

Nous allons prendre le temps qu'il faudra, je te laisse le temps nécessaire pour te documenter, lire, te préparer pour bien aiguiser tes questions et surtout tes protestations.

Aujourd'hui tu vas vers tes 17 ans : à nous deux l'intégrisme islamique, alors… discutons à bâtons rompus, exerçons à fond la caisse, comme tu dis, notre liberté d'expression.

« Nous sommes disposés par nature à croire facilement ce que nous espérons, et difficilement au contraire ce dont nous avons peur. »

Spinoza

Du même auteur

Publications en Arabe :

- L'Origine du monde, entretiens avec des scientifiques, philosophes, anthropologues,textes choisis et traduits à l'arabe, Ed. Ikhtilaf (Alger), Difaf (Beyrouth), Alaman (Rabat) 2013
- Dialogue avec mon amie, l'intégriste, Alwan 2014
- Réponse décisive aux intégristes, Dar Saqui, Beyrouth, 2009
- Introduction à la philosophie de Cioran, éd. La maison des sciences arabe, Beyrouth, 2009

Collectif :
- Le tabou de la virginité dans le monde arabe
- l'esclavagisme en islam
- Mai 68,
- L'homosexualité dans le monde arabe
- la censure arabe
- Darwinisme,
- Sur la Bioéthique
- les minorités en terre d'islam, etc.

En Français :
-Islamisme /Comment l'Occident creuse sa tombe, éd. de Paris/Max Chaleil,
- l'islamisme vrai visage de l'Islam, éd. de Paris/Max Chaleil, mars 2012.
- L'impasse islamique, la religion contre la vie, préface de Michel Onfray, éd. Libertaires, 2009
- Réformer l'Islam ? Autopsie d'une illusion caractérisée, édition Indépendante, 2007

Préface d'Anne Zelensky

L'Islam ? Voilà ce qu'en disait Levi Strauss en 1955 dans *Tristes Tropiques* :

« Grande religion qui se fonde moins sur l'évidence d'une révélation que l'impuissance à nouer des liens au dehors. En face de la bienveillance universelle du bouddhisme, du désir chrétien de dialogue, l'intolérance musulmane adopte une forme inconsciente chez ceux qui s'en rendent coupables ; car s'ils ne cherchent pas toujours, de façon brutale à amener autrui à partager leur vérité, ils sont pourtant (et c'est plus grave) incapables de supporter l'existence d'autrui comme autrui. Le seul moyen pour eux de se mettre à l'abri du doute et de l'humiliation consiste dans une « néantisation d'autrui » considérée comme témoin d'une autre foi et d'une autre conduite. La fraternité islamique est la converse d'une exclusive contre les infidèles qui ne peut pas s'avouer… »

Levi Strauss fait partie de ces nombreux intellectuels et politiques français qui au cours de l'Histoire, ont compris la nature profonde de l'Islam : cette « néantisation d'autrui ». Or là se joue l'accès à l'humanité : la manière dont on traite autrui. La civilisation peut se bâtir sur le déni de l'autre et son exploitation. C'est le cas de presque toutes les civilisations, basées sur la domination, à commencer par le modèle premier : la domination de l'homme sur la femme. Mais la civilisation fait partie du processus d'hominisation, cette capacité propre à notre espèce de se dégager des ataviques tendances à la méfiance et au rejet de l'autre. Le bouddhisme ou le christianisme ont en effet tenté de répondre à ce défi, avec les difficultés que l'on sait. Le « aimez-vous les uns les autres » du Christ est resté souvent lettre morte. Mais il est plus généreux le « Celui qui quitte la religion, tuez le » parole de Mahomet. On ne peut donc pas mettre dans le même sac toutes les religions. Ce que font systématiquement aujourd'hui nos intellectuels et politiques qui sont dans une démarche inverse de leurs aînés : ils mythifient l'Islam et en dénient cette essence totalitaire. Ils n'ont d'oreille que pour ces musulmans qui se présentent sous la rassurante peau d'âne de « modérés » et leur servent des fables à la mesure de leur volonté d'aveuglement.

Par contre, ils ne tirent pas les enseignements de la parole vraie de ceux qui ont fui les terres où « on naît musulman » et où on y est condamné jusqu'à sa mort ou... l'exil. Ceux qui ont choisi la patrie des droits de l'homme pour fuir cet islam écrasant, se sentent trahis. Comment les défenseurs des droits de l'homme peuvent-ils ainsi trouver à une religion guerrière et négatrice de l'autre tant de qualités ? Hamid Zanaz est de ces intellectuels courageux. Algérien d'origine, professeur de philosophie, essayiste, auteur de plusieurs ouvrages en arabe et en français sur l'Islam, il tente de dissiper les dangereuses illusions sur ce système idéologique qu'est l'Islam, l'islam qui est reparti avec succès à la reconquête du monde. Car il faut bien parler d'une réislamisation du monde. Et l'auteur nous en explique les raisons…

Dans son dernier livre *L'islamisme raconté à ma fille* son approche est doublement intéressante. Elle établit le dialogue entre le père et la fille, pas le fils. Voilà ainsi haussée au rang de personne à part entière, capable de réfléchir, une femme. On sait que l'islam condamne à l'exclusion et à la seule fonction de reproductrice, les femmes. On a beau se contorsionner, cet apartheid des femmes est à lui seul une tache originelle qui invalide tout respect pour cette religion. La jeune fille de Hamid Zanaz est d'autre part censée représenter les « jeunes » et véhiculer tous les clichés complaisants sur la question. La génération « touche pas à mon pote » et ses descendants paye un lourd tribut à l'ignorance sur le sujet, préférant le mythe à la réalité. Car il s'agit bien de cela : il y a une ignorance généralisée sur ce qu'est l'islam. Hamid Zanaz fait œuvre de pédagogie. Aux questions volontairement naïves de la jeune fille, l'auteur nous éclaire au sens premier du terme sur la réalité de cette idéologie, qui a peu de rapport avec « la religion de tolérance de paix et d'amour » que nous présentent les prosélytes musulmans, encensés par le chœur des élites françaises, aveuglés par une lâcheté mâtinée d'intérêts sordides.

Deux grands thèmes, liés l'un à l'autre se dégagent de cette lecture qui met à mal tous les poncifs sur l'islam.

Non, l'islamisme n'est pas une déviation de l'islam, il en exprime au contraire la racine, il en est l'essence. « L'intégrisme est à l'islam ce que le chômage est au capitalisme : inhérent », écrit l'auteur. Mais séparer le « bon islam » du « mauvais islamisme » est une manœuvre d'enfumage.

Oui, il y a une incompatibilité fondamentale entre islam et modernité du fait de l'esprit du Coran. Sa lecture intégrale nous fait apparaître l'intolérance, la fermeture à l'autre, l'aspect prosélyte, et l'immobilisme de ce texte fondateur qui depuis sa naissance, au VIIe siècle, ne s'est jamais remis en question.

Qu'on le veuille ou non, l'islamisme n'est donc pas une déviance de l'Islam, il en est l'expression radicale. Pour en juger, il faut savoir de quoi on parle. La plupart de nos défenseurs européens de l'islam n'ont jamais mis le nez dans le Coran, référence absolue pour tous les musulmans. Ils se contentent de répéter servilement les interprétations rassurantes que leur en donnent les prêcheurs d'un Islam modéré ou de France, comme on voudra. Ils se laissent bercer par les incantations de ces propagandistes hypocrites d'une religion qui serait de tolérance, de paix et d'amour. On ne laisse guère par contre la parole à ces intellectuels originaires des pays musulmans qui nous servent un autre son de cloche. Islam modéré ? Wafa Sultan (citée par Hamid Zanaz) nous éclaire : « Un musulman radical est celui qui retourne aux racines de l'Islam, à ses fondements et à ses dogmes, au Coran et à Mahomet. Un musulman modéré est celui qui s'en éloigne peu et prou. » Comment savoir combien de musulmans retournent à la source et combien s'en éloignent ? Ce qu'on observe par contre c'est sans contexte une réislamisation du monde. Alors examinons sur pièces, c'est-à-dire à partir du Livre saint et des hadiths, ce qu'il en est de la doxa sur la tolérance et la paix que véhiculerait l'islam.

Religion de tolérance et de paix ? Et le djihad ? Et l'apostasie ?

Religion d'amour ? Et le sort des femmes ?

Hamid Zanaz reprend ces trois thèmes essentiels : le djihad, l'apostasie et le statut des femmes, qui font partie intrinsèque de la charia. A ce sujet la charia n'est pas l'expression de l'extrémisme musulman, elle constitue le corps de l'Islam. Dans les États islamiques, elle n'est pas un substitut à l'État, elle est l'État, nous rappelle Hamid Zanaz. Elle lui permet de canaliser les révoltes populaires.

Le djihad, la guerre sainte contre les infidèles, est au cœur de la doctrine. La foi sans action militante n'a aucun sens, selon le Coran. Le musulman se doit d'être prosélyte, il détient la vraie foi, son devoir est de la propager. Dans le Coran le mot djihad est cité 22 fois, dont seulement 3 dans un sens spirituel. Nos intellectuels ont beau vouloir évacuer le sens guerrier pour privilégier le sens spirituel – combat contre ses pulsions – ce qu'on observe dans le monde c'est la volonté d'expansion de l'Islam, que ce soit par les pétrodollars des monarchies du Golfe ou les menées terroristes. La France se constelle de mosquées, plus de 2400, et autant en projet. Combien d'églises chrétiennes se construisent en pays musulmans ? Et combien d'incendies des mêmes églises, combien de massacres de coptes et chrétiens en terre d'Islam ?

L'apostasie n'est que la conséquence logique de cette intolérance, « cette néantisation d'autrui » pour reprendre la formule de Levi Strauss. « Celui qui quitte la religion musulmane, tuez le ! ». Rappelons cette injonction du prophète. Interdit de se marier avec un « infidèle », obligation pour les enfants d'être musulmans.

Il faut voir le nombre de fatwas émises tous les jours à travers le monde islamique pour s'en rendre compte. Le croyant musulman veut être un musulman parfait, conforme à ce que veut la loi coranique, la charia. Chaque jour, la Maison de la Fatwa en Égypte produit plus que 1000 fatwas par téléphone.

Quant au statut des femmes, il est le symbole le plus fort de l'inhumanité foncière du système islamique. On a beaucoup glosé sur le voile, si il était recommandé ou pas dans le Coran. Mais le voile est l'expression logique de la domination des femmes. Et il n'est qu'une étape vers la burqa, rappelle l'auteur. Hamid Zanaz nous renvoie au verset 34 de la Sourate 4 (AN-NISA', LES FEMMES)

« Les hommes ont autorité sur les femmes, en vertu de la préférence que Dieu leur a accordé sur elles, et à cause des dépenses qu'ils font pour assurer leur entretien. Les femmes vertueuses sont pieuses : elles préservent dans le secret ce que Dieu préserve. Admonestez celles dont vous craignez l'infidélité ; reléguez-les dans des chambres à part et frappez-les. Mais ne leur cherchez plus querelle, si elles vous obéissent. Dieu est élevé et grand. »

Tout est dit. Ou encore la femme est « champ de labour que le mari peut utiliser pour assouvir tous ses désirs. » [2 :223]. Mariages forcés – en Europe 50 000 femmes seraient mariées de force - polygamie, crimes d'honneur, les femmes payent le tribut le plus lourd à la religion « d'amour ». Leur statut est la clé de voûte d'un système qui a une vision négative de l'être humain… La séparation drastique des sexes témoigne de ce mépris des femmes, mais plus encore des hommes. Ceux-ci, considérés comme des chiens de Pavlov, seraient incapables de résister à la séduction des femmes. Il faut les maintenir dans de stricts interdits qui sont censés réprimer leur conduite animale. L'Islam sécrète ainsi souffrance et frustration générale. Si les hommes arabes faisaient plus librement l'amour, a-t-on dit, ils seraient moins obsédés par la guerre. Il n'existe pas d'idéologie plus noire sur la nature humaine.

L'interdit est la marque de l'Islam. Il enserre le croyant dans un corset d'interdits. Il le considère comme un enfant incapable de se conduire, de faire des choix individuels. Sur toute chose, il lui faut se guider sur le Livre.

On aura compris qu'il y a incompatibilité fondamentale entre l'Islam et les idéaux démocratiques. C'est la deuxième grande idée de *L'islamisme raconté à ma fille*. On ne peut pas marier la carpe et le lapin. Tout ce qui fonde la société démocratique, respect des libertés individuelles, relative égalité des sexes, système pluraliste, séparation du public et du privé, est aux antipodes de l'être musulman. Il n'y a pas d'accommodements possibles. Ils se font toujours au détriment de la démocratie. La preuve, entre autres, en est cette dégradation sensible des relations fille/garçon depuis 20 ans. Le modèle machiste véhiculé par les jeunes maghrébins déteint sur la société française et ravive les vieux démons mal assoupis du machisme hexagonal.

Alors quelles solutions ? Elles ne viendront ni des musulmans eux-mêmes, ni de leurs défenseurs, les élites intellectuelles et médiatiques en place, complices de l'islamisation. Les associations musulmanes, tout comme les intellectuels arabes dits modérés, se refusent à toute réforme de l'Islam. Ils préfèrent nous endormir avec leur ritournelle sur l'Islam modéré. Les rares tentatives de réforme ont toutes échoué. Hamid Zanaz cite le cas d'un penseur soudanais qui avait fondé « Les Frères républicains » : et proposait de supprimer la partie juridique du Coran. Il a été exécuté par le régime islamique du Soudan. On ne touche pas à la dictée d'Allah.

Faute de vouloir moderniser l'Islam, certains musulmans veulent islamiser le monde. On veut nous faire croire qu'ils sont minoritaires. Peut-être, mais contagieux sans aucun doute. Pourquoi alors depuis une vingtaine d'années cette résurgence des pratiques les plus radicales ? Le ramadan, la viande halal, le voile, le porc banni des cantines, les intimidations dans les hôpitaux, le rejet du « céfran »... Le musulman est écartelé entre sa foi et la modernité. Il vit une sorte de schizophrénie dangereuse, encouragée par nos élites. Celles-ci n'ont aucun scrupule à critiquer leur propre religion, le catholicisme, mais tombent à bras raccourcis sur la moindre critique de l'Islam, assimilée au racisme. À leur service, les meutes haineuses des associations antiracistes qui traquent le moindre manquement au politiquement correct. La liberté d'expression, si chère aux démocraties, devient un délit quand elle émane de ceux qui tirent d'utiles sonnettes d'alarme. Notre auteur analyse très bien ce phénomène de « collaboration » des élites avec l'islamisation sournoise des pays européens. Qu'elle est loin la lucidité d'un de Gaulle qui écrivait dans les années 50 cette remarquable prédiction.

« C'est très bien qu'il y ait des Français jaunes, des Français noirs ; des Français bruns. Ils montrent que la France est ouverte à toutes les races et qu'elle a une vocation universelle. Mais à condition qu'ils restent une petite minorité. Sinon, la France ne serait plus la France. Nous sommes quand même avant tout un peuple européen de race blanche, de culture grecque et latine et de religion chrétienne. Qu'on ne se raconte pas d'histoire ! Les musulmans, vous êtes allés les voir ? Vous les avez regardés avec leurs turbans et leurs djellabas ? Vous voyez bien que ce ne sont pas des Français. Ceux qui prônent l'intégration ont une cervelle de colibri, même s'ils sont très savants. Essayez d'intégrer de

l'huile et du vinaigre. Agitez la bouteille. Au bout d'un moment, ils se sépareront de nouveau. Les Arabes sont des Arabes, les Français sont des Français. Vous croyez que le corps français peut absorber dix millions de musulmans, qui demain seront vingt millions et après-demain quarante ? Si nous faisions l'intégration, si tous les Arabes et les Berbères d'Algérie étaient considérés comme Français, comment les empêcheriez-vous de venir s'installer en métropole, alors que le niveau de vie y est tellement plus élevé ? Mon village ne s'appellerait plus Colombey-les-Deux-Églises, mais Colombey-les-Deux-Mosquées » (5 mars 1959 : propos rapporté par Alain Peyrefitte).

Hamid Zanaz est de ceux qui ont payé de l'exil leur lucidité et leur courage. Il nous renseigne sur la réalité d'une religion, qui n'est que la partie émergée de tout un système politique et idéologique à visée conquérante. Le millénaire affrontement Orient-Occident n'est pas terminé. Il resurgit périodiquement dans l'Histoire à la faveur de circonstances propices. La découverte des Amériques par Christophe Colomb, a permis de trouver une nouvelle route pour le commerce des épices, empêché par les pirates ottomans au XVe siècle. La chrétienté a trouvé là une échappatoire aux prétentions expansionnistes de l'Orient musulman. N'en déplaise à une minorité de tartuffes hexagonaux qui prétendent « faire l'opinion », le choc des civilisations n'est pas un mythe. Hamid Zanaz fait œuvre de salut public en confirmant à la majorité silencieuse de ce pays que ce qu'elle vit et voit n'est pas une illusion. L'Islam est à nouveau en phase d'expansion, il revient à ses fondamentaux partout dans le monde sous sa forme radicale, l'islamisme. Il n'est peut-être pas trop tard pour prendre la mesure de cette menace grave sur l'avenir démocratique du monde.

Anne Zélensky

Le fanatisme lié à la religion islamique est un sujet brûlant, voire explosif, pourquoi écris-tu tout le temps sur le sujet, pour ne pas dire que tu es obsédé par la question de l'intégrisme ?

Écrire c'est crier en silence, en quelque sorte. L'intégrisme est un nouveau colonialisme du monde dit arabe, par conséquent la seule question légitime que doivent poser les intellectuels de ces pays aujourd'hui est : « Que devons-nous faire pour rendre nos sociétés plus séculières, comment sortir de la cage islamique ? »

Mais tu es un peu dur, non ?

Je suis né dans le peuple. On ne me fera pas le coup des vertus populaires, comme disait l'autre ! Multiples sont les voies de l'amour, dit le philosophe Cioran, j'ai choisi celle qui châtie.

C’est-à-dire ?

Ne pas écrire, c’est non seulement donner raison aux intégristes et leurs porteurs de valises, mais encourager tous ceux qui, au nom d’une pathologie personnelle, veulent organiser le monde aussi pour autrui, pour plagier la belle expression de mon ami Michel Onfray. C’est alors une honte de se taire, à une période où l’intégrisme islamique remplaçait petit à petit le colonialisme européen dans les pays « arabes ». Ses menaces sont aujourd’hui plus dangereuses et plus sérieuses que celles du premier. Ses méfaits seraient pires.

Pires ? Pour quelles raisons ?

Parce que ce « cancer » touche le cœur de la culture arabe actuelle. Profitant de la faiblesse des régimes en place depuis des décennies et leur illégitimité chronique, l’islamisme a pu contaminer tous les secteurs de la vie, voire la majorité des esprits. Je peux dire sans craindre de me tromper qu'il est passé dans la culture commune sans que nous nous en rendions compte.

Mais la culture de ces pays est islamique, non ?

Il n'y a pas de culture islamique ; l'Islam est une religion globalisante, ce n'est pas une culture. Il y a une culture algérienne, turque, sénégalaise, marocaine, etc., en dépit de la religion commune de ces pays. En revanche, il existe une culture arabe qui a pour base la langue arabe. La culture islamique est une création des intégristes dans le but d'islamiser les sociétés ; ils ont transformé le cultuel en culturel.

Comment le culte devient-il culture ?

Le ramadan, par exemple, fait partie de la

foi islamique, c'est une pratique imposée par le Coran et non pas une pratique culturelle libre. Et c'est comme ça que les islamistes ont réussi à imposer leur cachet moyenâgeux. Aujourd'hui, l'observateur honnête ne pourrait réfuter la thèse d'Ernest Renan sur l'Islam, approche considérée comme raciste par la majorité des intellectuels arabo-islamistes !

Que disait-il ?

« L'islam a fait des pays qu'il a conquis un champ fermé à la culture rationnelle de l'esprit. »

Tu ne trouves pas que c'est un peu exagéré ?

Malheureusement, ce jugement sévère reste globalement juste. Nous allons revenir sur la question ultérieurement, quand nous évoquerons la fausse problématique Islam/modernité.

Justement, sont-ils compatibles ?

Aucune religion n'est compatible avec la modernité, ce sont deux visions contradictoires du monde et de l'Homme, inconciliables. C'est une perte de temps de chercher un quelconque mariage entre les deux. Mais au lieu de cogiter sur la question, je vais essayer de montrer la contradiction entre l'Islam et la modernité par des exemples concrets, tirés de la vie quotidienne.

Un seul exemple et on n'en parle plus, si tu veux bien ?

Pour éviter les longs discours théoriques, je vais essayer d'évoquer avec toi comment des idées fascistes, maquillées en religion, se sont infiltrées dans les sociétés arabes, déjà préparées à accepter l'intégrisme.

Préparées par qui et pourquoi ?

Pour amadouer les extrémistes religieux et tous les tenants de cette culture dite islamique et prétendue supérieure, les pouvoirs en place ont offert l'école et l'éducation aux enseignants islamistes et aux imams ignorants issus de la confrérie des frères musulmans, envoyés par Nasser pour se débarrasser de leurs méfaits en Égypte.

Comment décris-tu la situation dans ces pays ? Un constat rapide, pour commencer. Psychologiquement, comment les gens vivent cette difficulté à concilier leur foi et la vie de tous les jours ? Le poids de leur passé et les difficultés d'aujourd'hui ?

C'est exactement la problématique chronique qui hante les esprits des intellectuels autochtones depuis le début du XIXe siècle jusqu'à nos jours et qui freine la pensée arabe contemporaine :

comment concilier le patrimoine islamique et la modernité ? Authenticité et contemporanéité ?

Et la récolte ?

La moisson : une crise d'identité grandissante car la personnalité du musulman d'aujourd'hui est éclatée en deux : une moitié au passé, croit, prie, psalmodie, jeûne… L'autre moitié tente de vivre dans le présent en adoptant tous les éléments matériels de la modernité, mais en rejetant catégoriquement ses aspects philosophiques et juridiques. Et comme rien ne vient de l'Islam, tout vient d'ailleurs, cela fragilise le musulman.

Comment ?

Il se sent agressé, bafoué, humilié. Et ainsi ni individu, ni États ne trouvent la voie pour « être-là dans le monde ». C'est automatique, quand on n'a pas la clé de notre modernité, on est tributaire du mot de passe de sa religion. Les musulmans sont tributaires de l'Islam ; comme le poisson rouge, ils peinent à sortir du bocal, si on veut utiliser la métaphore de Michel Foucault.

Tu parles d'une crise d'identité, tu veux dire que les musulmans ne savent pas qui ils sont dans ce monde moderne ?

Sacré problème ! Mais la question la plus importante est la suivante : pourraient-ils un jour rompre avec ce coma profond qui dure depuis huit siècles déjà ?

Huit cents ans ?

Oui, la civilisation arabo-islamique s'est éteinte pratiquement au XIIIe siècle.

Mais nous sommes au XXIe siècle ! Où est-

ce que ça coince ?

Le dilemme de l'Islam arabe se résume dans l'inapplicabilité de la charia islamique à 100 %, et l'incapacité à l'écarter une fois pour toutes. Alors les régimes en place troquent la réislamisation de la société contre le verrouillage du pouvoir et les avantages de sa rente.

Des sociétés déboussolées !

Par des États en délicatesse avec ces sociétés, des États affaiblis qui utilisent la réislamisation comme béquille identitaire. En l'absence de toute légitimité politique, il ne reste à ces gouvernants que l'exploitation de la religion islamique pour acculer l'opposition et canaliser les révoltes populaires.

Mais où sont-ils les citoyens, la société civile ?

Il n'y a pas de société civile, c'est d'une société religieuse qu'il s'agit dans la majorité des pays islamiques. Les gouvernants dans les pays arabo-musulmans semblent guider une communauté de croyants ou un ensemble de croyants. Et ce n'est pas pour rien si ces sociétés prennent ouvertement une allure médiévale. Sais-tu que les constitutions dans ces pays, quand elles existent bien sûr, se réfèrent toutes, et explicitement, à la religion islamique ?

Se référer de quelle façon ?

La charia ou la loi coranique est la principale, voire l'unique source de droit. Et le choix est clair et vite fait dans le cas où le droit positif entre en conflit avec cette charia : les juges appliqueraient toujours la loi divine.

Sérieusement ! Même dans les pays où vivent des non-musulmans ?

Malheureusement, oui, car l'intégrisme dans ce monde arabe n'est pas un substitut à l'État, mais il est l'État. À la fin des années soixante-dix, le président Anouar el Sadate fait inscrire dans la Constitution égyptienne la charia comme source principale de droit malgré la présence de plus de six millions de chrétiens coptes. Certaines sources parlent de quinze millions ! L'État algérien a une religion, c'est l'Islam et rien d'autre, c'est la Constitution qui l'impose dans son article 2 ! Ce ne sont que deux exemples, mais la situation reste relativement la même, car les textes juridiques dans tous les pays arabes sont éloquents, ils renvoient au Fiqh (droit canon musulman), à la charia ou à l'*ijtihad* (réinterprétation des textes religieux dans le but de les actualiser) comme source de droit de la famille.

Donc l'État islamique est là ? Que veulent les islamistes alors ?

Très bonne question. Les islamistes font tout pour instaurer un État islamique là où on ne pratique pas encore la charia d'une manière absolue. En général, ce n'est pas à l'État islamique vague qu'ils aspirent, mais à un État barbare totalement assaini de toute liberté individuelle. Un État à la saoudienne, à l'iranienne, à la talibane. Quand les talibans se sont emparés du pouvoir en Afghanistan en 1996, ils ont été immédiatement reconnus par l'Arabie saoudite et le Pakistan !

Tu dis : État barbare ?

Exact, c'est le projet d'un État où on déshumanise les hommes et surtout les femmes.

Dans quel sens ?

Je ne dis pas que les hommes et les femmes sont bien traités sous l'État islamique actuel, la situation des droits de l'homme y est catastrophique, même si les préceptes de l'islam ne sont pas appliqués à la lettre dans plusieurs pays, comme l'amputation de la main du voleur, la lapidation de la femme adultère, l'esclavagisme, la guerre sainte, l'apostasie, la polygamie, le minorât de la femme, etc.

Des préceptes de l'islam ?

Oui, bien sûr, reconnus par la majorité des musulmans.

La majorité des musulmans ? Pourquoi dis-tu ça ?

L'esclavagisme, la guerre sainte, violenter les femmes, etc., cela est bien dans le Coran. Et les musulmans ne remettent jamais en cause leur texte sacré. Aucun musulman n'oserait prôner l'abrogation des dizaines de versets qui contredisent éloquemment les droits fondamentaux de l'homme.

Tu commences à me faire peur...

Je vais te faire rire peut-être, quand j'ai vu le titre d'un livre : « Qui a peur de l'islam ? » ; j'ai levé immédiatement le doigt, mais j'ai retourné tout de suite la question : « Qui n'a pas peur de l'islam ? »

Je lève le doigt (sourire) !

Si un homme, ou une femme, normalement constitué n'a pas peur de l'islam savant ; de trois choses l'une : ou bien il est inconscient ou ignorant, ou bien les deux en même temps. Alors choisis ton camp, ma chère ! (sourire)

Avoir peur est positif, c'est le début d'une prise de conscience du danger islamiste qui est là, son épée est sur nos têtes. Soit on le refuse avec force, avant qu'il ne soit trop tard, soit on l'accepte lâchement, comme une fatalité culturelle dans les pays arabes et comme un droit communautaire en Europe. Donc, je ne veux pas te faire peur, mais réfléchir avec toi.

Mais tout le monde dénonce le fanatisme religieux en Europe ; c'est un consensus, non ?

Il est peut être utile de dénoncer la barbarie islamiste talibane et autres intégrismes, mais le vrai travail de fond consiste à passer à la critique rationnelle des textes islamiques fondamentaux, considérés comme valables éternellement par tous les musulmans.

Les musulmans ont le droit d'être ce qu'ils veulent, comme tous les autres croyants d'ailleurs !

Tout à fait. La prière d'un musulman, son

pèlerinage vers la Mecque… en un mot, la pratique religieuse ne peut être sujette à un rejet ici en France tant qu'elle reste dans le domaine privé. Moi, personnellement, je ne me mêle jamais de ça. Je ne m'en prends pas à la foi des hommes et des femmes.

Explicite ?

On ne naît pas musulman, comme croient ces musulmans et leurs intégristes, on le devient. J'ai le devoir de respecter les hommes, tous les hommes, mais j'ai le droit de réfuter leurs idées, voire ne pas les respecter du tout. Comment puis-je respecter la mutilation, appelée circoncision ? Comment comprendre la position de ceux qui critiquent l'excision et qui ne soufflent mot sur cette mutilation infligée aux petits garçons ?

Il faut être aveugle ou ignorant pour croire à une certaine conciliation entre les dogmes islamiques et les principes élémentaires des droits de l'Homme et du citoyen.

Par exemple ?

Dans les guignols de l'info, j'ai entendu une phrase qui pourrait dévoiler le fond de toute croyance et ses probables dégâts collatéraux, car les croyances ont toujours des conséquences, ma chère.

Que disait le guignol ?

Attention, l'abus de croyance est dangereux pour votre entourage.

Comment la croyance pourrait-elle être dangereuse pour le voisinage ?

Tiens, je vais te lire un témoignage édifiant d'une banlieusarde amère de 45 ans ;

écoute : « C'est difficile de devenir minoritaire chez soi. J'en ai assez de ne parler à personne, de croiser les femmes voilées qui ne me regardent même pas, de devoir accepter que les femmes restent à leur place et ne se mélangent pas, de ne pas trouver un bout de viande correcte, d'entendre le Coran à fond, d'être regardée d'un drôle d'air si je fume pendant le ramadan. » Tu te souviens de ce bar où on ne sert pas d'alcool ?

Oui, mais certains parlent d'islamophobie quand même !

Trois ennemis de la laïcité à la française tentent par tous les moyens de créer des malentendus dans le but de fausser le débat sur l'islam qui pose aujourd'hui problème à la société française.

Qui sont-ils, que veulent-ils ?

1- Les islamistes, pour éviter toute critique de l'Islam (ou diffamation des religions selon l'expression des États islamiques), exercer des pressions sur les pouvoirs publics et récolter plus de concessions, et pourquoi pas l'application de la charia dans les territoires perdus de la République...

2 - Les promoteurs de la laïcité positive qui se cachent derrière l'islamophobie pour préparer le terrain au retour du christianisme agonisant dans la sphère publique. L'Islam est un cadeau tombé du ciel pour les nostalgiques de l'Ancien Régime, les ennemis de la République et de Mai 68.

3 - Les ignorants, tous ceux qui pensent que l'islamisme est révolutionnaire, ceux qui le considèrent comme allié dans leur lutte (légitime d'ailleurs) contre le capitalisme sauvage. Compter sur l'islamisme pour abattre le capitalisme, c'est vouloir guérir la peste par le choléra.

Conclusion ?

Deux poids, deux mesures : quand les parents de Juliette émettent des réserves sur son mariage avec Mohamed : islamophobie ! crient ceux qui sont noyés dans les eaux mercantiles de l'angélisme. Mais quand les parents de Rachida ne veulent même pas imaginer une relation entre leur fille et Samuel : culture ! S'aveuglent-ils.

Quelles sont les raisons de cet aveuglement, si aveuglement il y a ?

Il est difficile pour certains Européens de comprendre l'essence du fait religieux ; pour une simple raison, c'est que l'Europe est sortie du religieux depuis trois siècles ! Ils peinent à saisir que la religion est le plus important « désamorceur » de la force révolutionnaire des individus.

Tu refuses d'accepter qu'il y a une certaine peur de l'islam en Occident ?

Non, mais c'est une peur rationnelle, non maladive. La peur ressentie par le non-musulman vis-à-vis de son frère musulman est fondée. Légitime. Personne ne pourrait avoir peur de quelqu'un qui prie son Dieu dans l'intimité ou d'une femme qui n'exhibe pas sa foi, qui n'offre pas son corps comme panneau publicitaire aux intégristes.

Le voile ?

Le Niqab ou le voile total. Ce sont des drapeaux ambulants de l'obscurantisme religieux. Mais, cela dit, on ne peut jamais forcer un individu à être libre ; son asservissement volontaire s'arrête où commence la liberté d'autrui.

Les sœurs chrétiennes sont voilées aussi,

non ?

Oui, mais ce sont des religieuses ! Elles sont déjà majeures. C'est un choix d'une certaine façon de vivre. Quant aux femmes voilées musulmanes, elles ne sont pas des religieuses ; elles veulent investir le champ social, politique et professionnel. De plus, la plupart sont mineures, des enfants même. Tu ne vas pas me dire qu'elles ont une spiritualité à cet âge ?

O.K., c'est les parents qui imposent le voile alors ?

Et les maris encore plus, et c'est eux qui imposent la polygamie. Aucune femme ne peut accepter de partager son homme même en Arabie saoudite ! Tu me rappelles un texte drôle d'une jeune journaliste saoudienne *Moi et mes quatre époux ;* je l'ai traduit de l'arabe il y a quelques mois. Regarde comment elle s'adressait aux mâles musulmans :

« Donnez-moi la permission de me marier avec quatre hommes… voire cinq... ou neuf, si c'est possible. Permettez-moi de vous singer. Donnez-moi la chance de pouvoir les choisir à ma guise, selon mes obsessions et les folies de mon imagination. J'aimerais les prendre de types et de formes différents. Je souhaiterais que l'un soit blond, un autre brun, de grande ou peut-être de petite taille. Je les choisirais de multiples pays, de religions et de races. Et je vous garantirais que la paix et la bonne entente régnerait ; la guerre civile masculine n'aurait pas lieu si l'unificateur était une femme.

Débrouillez-moi une loi positive ou bricolez-en une autre, divine. Rajoutez un nouvel article parmi votre liste habituelle de fatwas et de toquades dont vous vous accordez sans peine, et à l'unanimité. Comme je suis obligée de subir sans justifications le mariage de plaisir, de coutumes, de boy-friends, de vacances, de clandestinité, et tant d'autres genres de mariages, permettez-moi, à mon tour, d'épouser quatre mecs. »

Pas mal ! Mais revenons à l'islamophobie !

Parler d'islamophobie est une mauvaise foi caractérisée.

Dans quel but le mot a été forgé alors ?

Le mot islamophobie a été inventé pour barrer la route à toute critique de fond de l'islam en la faisant passer pour xénophobie. C'est une création des intégristes déguisés dans un premier temps en démocrates et leurs acolytes islamophiles primaires qui font semblant de respecter la foi des musulmans mais qui, en réalité, ont peur des bombes des intégristes. D'autres amoureux occasionnels de l'Islam n'ont pour but que le ramassage de quelques voix pendant les saisons électorales.

Mais on a le droit de critiquer les religions en France ?

Heureusement, mais c'est un peu difficile quand il s'agit de l'Islam…

Pourquoi donc ?

Parce que critiquer l'Islam est considéré comme un racisme, et c'est exactement ce que veulent imposer les propagateurs du vocable islamophobie. On peut citer le MRAP, certains médias, des universitaires, hommes politiques, tels Noël Mamère et Besancenot…

Pourtant ils sont de gauche tous les deux !

Tu parles ! Le premier a qualifié une candidate sur sa liste électorale de musulmane juste parce qu'elle est d'origine maghrébine, comme si tout Arabe est musulman par essence ! Elle a refusé cela publiquement. Le second, non seulement, son parti le NPA a présenté une candidate voilée, mais les responsables de cette formation politique ont justifié cet acte en affirmant que le voile est compatible avec l'épanouissement de celle qui le porte, sa libération !

Et pourquoi pas ?

Le voile révolutionnaire. Tu rigoles ? Allons voir de près pour ne pas nous faire avoir.

Allons-y alors !

Le voile est le résultat logique du statut de la femme dans l'Islam, car le minorât de la femme est un commandement religieux. Le verset 31, sourate XXIV, dit mieux : Allah donne l'ordre au prophète de dire aux femmes de baisser leurs regards, de garder leur chasteté, de ne rien montrer de leurs atouts et de rabattre leur voile sur leurs poitrines, etc... Quant aux réformistes islamiques, je me demande comment ils pourraient lire rationnellement le verset 34 de la Sourate 4 (**AN-NISA', LES FEMMES**)

" Les hommes ont autorité sur les femmes, en vertu de la préférence que Dieu leur a accordé sur elles, et à cause des dépenses qu'il font pour assurer leur entretien. Les femmes vertueuses sont pieuses : elles préservent dans le secret ce que Dieu préserve. Admonestez celles dont vous craignez l'infidélité ; reléguez-les dans des chambres à part et **frappez-les**. Mais ne leur cherchez plus querelle, si elles vous obéissent. Dieu est élevé et grand."

L'étymologie nous renseigne mieux que les slogans creux : la langue arabe de tous les jours nous dévoile parfaitement la réalité du voile : les femmes « hidjabisées » sont des femmes *moultazimates*.

Moultazimates ?

Engagées ! Islamistes, en arabe. Le titre d'une cassette du missionnaire et ami des trotskistes français, Tariq Ramadan, est révélateur : *La Femme musulmane face à son devoir d'engagement*. Les autres sont des *moutabaridjates*, des dépravées. En arabe parlé, dans les territoires perdus de la République, la non-voilée, c'est *Ârianna*, ce qui veut dire à poil, salope. Cela fait partie de l'action psychologique islamique qui consiste à faire pression sur la non-voilée pour qu'elle se voile, sur la voilée pour qu'elle se « niqabise », et ainsi de suite... Le voile n'est qu'une étape vers la burqa. Dans quelques années, si rien n'est fait, toutes les burqas en puissance deviendront effectives.

Et après ? En Angleterre, au Canada et

dans d'autres pays européens le communautarisme marche très bien, chacun vit paisiblement sa culture et dans sa propre communauté...

Paisiblement, c'est vite dit !

Le modèle communautariste a démontré ses limites. Il est devenu une machine à fabriquer des islamistes en Europe... Il est remis en cause même chez les Hollandais, champions en la matière. Il y a une prise de conscience quasi totale sur l'illusion de la notion de pluralisme culturel, communautariste.

Le pluralisme comme illusion, mais j'hallucine là !

C'est vrai, le pluralisme en soi n'est pas une illusion. Mais pour vivre un pluralisme apaisé, un minimum réciproque de concessions est plus qu'indispensable. Celui qui se promène dans certains quartiers à travers l'Europe et l'Amérique ne pourrait croire aisément à un probable consensus. Le communautarisme exacerbé met en danger inévitablement le vivre-ensemble.

Je comprends, mais penses-tu que la position des gauchistes pèche par ignorance, par fausse analyse ou par humanisme... Tu leur reproches quoi ?

Ils croient que les musulmans ne sont mûrs ni pour la laïcité, ni pour la démocratie et encore moins pour le rationalisme et l'athéisme ! Ils sont, selon eux, des colonisés à perpétuité. Ils sont heureux que le christianisme soit évacué hors de la sphère publique. Et ils crient sur tous les toits qu'il est archaïque, incompatible avec la vie d'aujourd'hui.

Ils ont raison, non ?

Bien sûr, mais ils n'ont aucun droit

paternaliste de conseiller les musulmans à réinterpréter l'Islam pour qu'ils s'adaptent à la vie moderne.

Deux poids, deux mesures !

Oui, la religion est mauvaise pour eux, mais elle est bonne pour les musulmans ! Si tu critiques le christianisme, c'est tout à fait normal, c'est pour eux critiquer l'irrationnel, l'infâme même. La liberté d'expression, quoi !

Oui !

Mais si tu touches à l'Islam, tout change. Enfin tout tremble ! Dans ce cas, tu ne critiquerais pas l'irrationnel, mais la culture islamique et les musulmans ! Et ainsi tu n'es plus rationaliste à leurs yeux mais raciste. Manger du curé : oui. Manger de l'imam : non. Dans un pays gastronomique comme la France, on devrait varier les plats. Pour la bonne santé de la République. Dans un pays où on a le droit de critiquer toutes les religions, ne pas critiquer l'Islam, c'est ne pas respecter les musulmans.

La critique, c'est du respect pour toi ?

Oui, ne pas les critiquer, c'est les mettre à part. Les considérer comme voisins et non comme citoyens à part entière !

Comment expliques-tu le malaise des intellos face à l'islam ?

Certains intellectuels européens se noient dans une culture d'auto-flagellation et de mea culpa, et cela encourage les intégristes musulmans à aller jusqu'au bout dans le refus de la modernité et la démocratie en Europe. Pire encore, c'est eux qui fournissent la matière et les instruments pour étayer les polémiques antioccidentales ainsi que la condamnation de la modernité et de la civilisation occidentale en général. Les islamistes exploitent à merveille *les sanglots de l'homme blanc*, pour parler, une fois n'est pas coutume, comme Pascal Bruckner.

Revenons à la critique ! Penses-tu que les musulmans puissent faire la moindre concession vis-à-vis de leur dogme ?

On ne peut répondre par l'affirmative, quand on sait que l'Islam est une législation plus qu'une spiritualité. La collision entre l'Islam et la société moderne est inévitable…

Comment ?

Parce que c'est l'Islam lui-même qui pose problème et non pas l'islamisme. Je ne vois vraiment pas comment on peut être musulman et laïque. Être laïque et démocrate, c'est refuser la charia, la loi d'Allah, c'est-à-dire l'Islam lui-même ! Exemple : un immigré marocain ou algérien refusant à sa fille la liberté de se marier avec un non-musulman, est-il musulman ou islamiste ? Le voile est-il une invention intégriste ou un impératif islamique ?

Que veux-tu ? Tu ne peux pas changer les gens, les dénaturer ?

Aucun esprit libre ne veut dicter aux musulmans comment ils devraient s'y prendre avec leur religion. À chacun de considérer sa religion comme il l'entend, du moment qu'elle reste dans le domaine strictement privé. Aucun démocrate ne veut transformer les croyants en athées. Au contraire, c'est l'oppression communautaire qui veut transformer les gens en croyants. Je veux simplement dire que l'Islam n'est pas une religion comme une autre, dans le sens où le Coran n'est pas vu comme un texte inspiré mais comme une dictée divine, et cela gêne énormément son interprétation. Nier cela ne rend service ni aux démocrates, ni aux musulmans.

Mais en dépit de tout ça, les croyants musulmans vivent bien leur foi dans les sociétés sécularisées, qu'en dis-tu ?

Détrompe-toi, ma chérie, la modernité agresse le croyant musulman. Il suffit, pour s'en rendre compte, d'écouter les questions posées par des musulmans de France aux religieux à la télévision et à la radio.

Où se manifeste le malaise ? Peux-tu citer quelques exemples concrets qui nous montrent la contradiction entre l'Islam et la modernité ?

La circoncision : la modernité est censée

protéger les enfants de toute mutilation.

Les pratiques d'abattage rituel se heurtent aux règles juridiques européennes. Depuis les années 80, une directive européenne ordonne d'insensibiliser l'animal avant de le tuer. Or, selon l'Islam, la bête qui va être égorgée, doit être vivante, en pleine possession de ses moyens.

La polygamie est en contradiction avec la citoyenneté.

En Amérique, les chauffeurs de taxis musulmans refusent de prendre des clients ivres ou qui transportent du vin ou des chiens avec eux. Dans chaque musulman vivant en Occident, il y a comme une guerre civile, voire un conflit de civilisations entre sa foi et la modernité qui envahit son environnement. Pour s'en rendre compte, il faut voir le nombre de fatwas données tous les jours à travers le monde islamique. Le croyant veut être un musulman parfait, conforme à ce que veut la charia. Le musulman veut tout savoir pour ne pas mettre Dieu en colère : peut-on prier dans l'espace public ? Se maquiller pendant le mois de ramadan ? Se mettre en bikini ? Voir un gynéco homme… ?

Chaque jour, la maison de la fatwa en Égypte produit 1000 avis religieux par téléphone, en quatre langues... « Ô croyants ! Craignez Allah comme il doit être craint. Et ne mourez qu'en pleine soumission. » (III : 102)

Et on pourrait multiplier les exemples…

En gros, tu veux dire que l'Islam n'est pas un système adapté à la vie d'aujourd'hui ?

Vouloir être musulman en Europe, c'est multiplier ses problèmes. On ne peut pas être musulman aujourd'hui sans rentrer en collision avec le monde. Et comme c'est impossible pour un musulman de changer l'Islam, il doit changer le monde selon le désir islamique. Abdenour Bidar a écrit un livre, *Un Islam pour notre temps*, j'ai envie de dire *Un temps pour notre Islam*. C'est ce qui reflète mieux la psychologie des masses aujourd'hui.

Et que veux-tu dire par là ?

C'est ce qu'on a commencé à faire en Occident : islamiser petit à petit les choses : piscines pour les femmes, dérogation de tout genre, etc… L'Islam ne s'accorde jamais au réel. Dire le contraire, c'est mal le connaître. Il travaille pour que le réel s'adapte à lui. Des imams ont déjà commencé le travail, ils veulent changer les sociétés d'accueil. Rappelons-nous les déclarations de l'Égyptien El Houlami, l'imam de Sydney, celui qui avait comparé les femmes non voilées à de la viande offerte à la vue de tous pour allécher les prédateurs. Pour éviter le viol, l'imam a recommandé le voile aux femmes australiennes. 40 % des musulmans de 16 à 24 ans, vivant en Grande-Bretagne, préféreraient vivre sous la charia, selon une enquête du centre de recherche Policy Exchange, réalisée auprès de 1 000 personnes, 36 % estimant qu'un musulman converti à une autre religion mérite la mort.

Oui, mais les sondages, tu sais...

En répondant à la question de savoir s'il souhaitait vraiment l'installation d'une République islamique en France, Abdelkader Bouziane, l'imam de Vénissieux, ex-instituteur en Algérie (tout s'explique), ne déforme nullement les aspirations de la majorité de ses coreligionnaires. Il dit haut ce qu'ils pensent tout bas : « Oui, mais pas seulement en France, je souhaite que le monde entier devienne musulman. »

L'Islam ne pourrait-il pas se familiariser

avec la culture démocratique et laïque via les musulmans vivant dans les sociétés démocratiques ?

Gilles Keppel, l'un des spécialistes français de l'islamisme, pense qu'une : « européanisation de cette religion, dans le sens d'un aggiornamento, pourrait être un exemple à suivre pour le reste du monde islamique. »

Il a raison… ou vas-tu trouver encore un bémol ?

Sais-tu que certaines filles d'origine marocaine jettent leur voile quand elles arrivent en vacances au Maroc, et elles se voilent dès qu'elles reviennent en France. Un exemple parmi d'autres.

Insolite ! Tu veux dire que les musulmans qui vivent en Europe sont plus attachés à leur dogme que les autres ?

Sincèrement, je ne vois à l'horizon aucun signe d'un éventuel aggiornamento. Ni avec le Conseil des Musulmans de France, ni avec le Cercle des Démocrates Musulmans, surtout pas avec le Parti des Musulmans de France. D'ailleurs, ces appellations contrôlées sont des contradictions en soi.

Au contraire, ces communautés, pour des raisons liées au dogme lui-même, se radicalisent davantage. Ce n'est pas insignifiant de voir des filles à Bruxelles, à Paris et dans d'autres capitales européennes, défiler pour le droit de se voiler. Qui oserait aujourd'hui dire à un musulman d'Occident que sa religion n'a qu'une dimension spirituelle et qu'elle ne devrait pas sortir de la sphère privée ? Chez la majorité écrasante, de la personnalité scientifique et culturelle, en passant par les militants de toutes les associations islamiques en Europe et en

Amérique jusqu'au président des musulmans de Trappes, l'Islam est vu comme un système global : *Din wa dawla*, Religion et État. Deux en un, comme dit la pub. Construire une mosquée est un devoir pour les musulmans ; une mosquée n'est pas uniquement un lieu de prière, mais une manifestation de libération d'un territoire, un devoir islamique, dit-on.

Ah, bon !

Croire en un Islam seulement religieux est un blasphème pour tout musulman. À l'instar des prières hebdomadaires qui se font dans les pays islamiques, les prières du vendredi en Occident ne sont que des séances d'islamisation, voire d'endoctrinement collectif.

Noir c'est noir, pas d'espoir alors ?

Rien à l'horizon. La laïcité, l'autonomie du sujet, les droits de l'homme et surtout de la femme… ne sont pas encore à l'ordre du jour. En Occident, les frères musulmans ont accaparé la plupart des mosquées en exploitant les institutions démocratiques pour propager une idéologie intégriste subversive.

Tu ne crois pas à une réforme de l'Islam ? Et la solution alors ?

Séparer le religieux du profane, élire librement ses représentants, jouir de la liberté de conscience, l'égalité juridique entre la femme et l'homme etc…, ce sont aujourd'hui des principes universels. Des valeurs transnationales. Quel serait aujourd'hui le destin de la Tunisie si le président Bourguiba n'avait pas pris l'initiative de faire bouger les choses dès l'indépendance ? Il a eu le courage d'affronter la réalité. Il n'a pas attendu l'évolution des mentalités pour abolir les tribunaux religieux et transférer leurs compétences aux tribunaux modernes. Le 13 juillet 1956, juste après l'indépendance, il a promulgué le code du statut personnel. Ce dernier a supprimé la polygamie, interdit la répudiation, instauré le divorce judiciaire.

Quelle est la place des islamistes dans tout cela ?

Je ne polémique jamais avec les fondamentalistes. Je suis d'ailleurs tout à fait d'accord avec eux.

Toi d'accord avec les intégristes ?

(Rires) Oui, mais seulement quand ils avancent que l'Islam n'a rien à voir avec la démocratie, la modernité, les droits de l'Homme et toute la philosophie d'aujourd'hui. Les intégristes sont dans le vrai quand ils prêchent que l'Islam est incompatible avec la vie moderne. En revanche, je discute les thèses des réformistes, ceux qui essayent de nous vendre un Islam modéré. Ceux qui mettent tout ce qui est positif sur le compte de l'Islam et tout ce qui est négatif sur le dos de l'intégrisme, tel le djihad, le niqab, la polygamie, la lapidation et d'autres aspects de la charia... Ils sont plus dangereux parce qu'ils avancent masqués. Ces pseudo-modernistes musulmans n'ont jamais essayé de porter un regard critique sur l'Islam, mais seulement sur des interprétations supposées fausses de l'Islam. L'intégrisme est le fils légitime de l'Islam. On ne peut réformer cette religion sans toucher à quelque chose de fondamental. Un Islam réformé, c'est la fin de l'Islam.

Des exemples s'il te plait, pour ne pas rester dans des généralités.

Qui, parmi les musulmans intégristes ou modérés, oserait appeler à abroger les versets hostiles aux juifs, aux athées et aux chrétiens ? Et tant d'autres qui n'ont rien de sensé aujourd'hui.

Mais tout le monde parle et appelle à la réforme...

Personnellement, je n'aime pas le mot réforme. Car accepter la ruse de la réforme, de l'actualisation et de l'acclimatation, c'est accepter que l'Islam soit valable en tout temps et en tout lieu comme religion et État. L'Islam n'est pas réformable. Aucune religion n'est réformable, mais domesticable. Dire aujourd'hui que l'intégrisme est une déviation de l'Islam et que les islamistes n'ont pas compris l'Islam est devenu une blague qui ne fait rire personne. L'Islam n'est rien d'autre que la *passéiffication* du présent.

Par leurs analyses apologétiques et surréalistes de l'Islam, les « nouveaux penseurs de l'islam » comme les nomment une certaine presse française, trompent la vigilance laïque des Occidentaux et confortent les musulmans dans leur sommeil dogmatique.

Donc l'islamisme est une fatalité ?

La seule réponse au danger islamiste est de ne jamais douter de la supériorité de la laïcité, ne jamais tomber dans le piège du relativisme culturel. Et surtout ne pas se noyer dans le tout vaut tout. Vouloir remettre en cause la loi de 1905, au nom de l'Islam ou autre, c'est jouer avec le feu, une déclaration de guerre contre le vivre-ensemble.

L'islamisation est bien en marche, selon toi ?

Les masses exigent l'application de la charia. Le parlement koweïtien n'a-t-il pas repoussé pendant sept ans une loi, proposée par le gouvernement, permettant aux femmes de participer aux élections.

Même en France ?

Oui, malheureusement, l'islamisme avance à visage découvert aujourd'hui non seulement en France, mais dans l'Europe tout entière.

Y a-t-il vraiment une tentative sérieuse d'islamisation des Beurs ? J'ai lu quelque part que l'activisme musulman s'est greffé au problème du chômage et des discriminations à l'emploi et au logement, etc.

C'est un terrain idéal pour les fanatiques et on ne cesse de voir se multiplier les salles de prières ; tout le monde peut remarquer un développement ostentatoire de la pratique de l'Islam : port du foulard, barbes, marque de prière au front, changement du langage, conversions des non-musulmans…

Je ne vois pas comment quelqu'un qui pratique sa religion pourrait remettre en cause la laïcité en France ?

Théoriquement, tu as raison, mais la réalité est loin d'être comme tu penses ; le diable est toujours dans les détails, ma petite…

Détaillons alors… allons tutoyer le démon…, en quoi les jeûneurs peuvent-ils déranger la société laïque ?

Si le jeûneur est majeur et qu'il reste chez lui, il ne gêne personne ; même s'il faut refuser la souffrance faite au corps et se poser des questions sur le fait de prouver sa foi par la mortification. Mais là où le problème se pose, c'est l'incompatibilité de ce rite avec les activités humaines : chute de productivité, dangers pour la santé – hyperglycémie à la rupture du jeûne –, faiblesse physique au volant... Imagine un jeûneur conduisant le bus scolaire de ton enfant. Quelle serait ta position sur le ramadan ?

Mais c'est leur choix !

Parfois ils ne sont que des victimes !

De qui ?

Des pressions de la part des proches : la famille, les amis, les voisins, sans oublier les menaces et d'autres intervenants qui viennent encadrer les jeunes et les embrigader...ceux que j'appelle les *islamisateurs*.
Islamisateurs ?

Je veux dire : les mosquées, les associations islamiques, les télévisions satellitaires, les conférenciers qui parcourent l'Europe en prônant l'idéologie de la confrérie des frères musulmans, etc.

Comment procèdent-ils ?

La mosquée fidélise le jeune et le prépare à devenir un soldat de la cause de l'Islam. Toute mosquée prône l'expansion de l'Islam d'une façon ou d'une autre.

Le prosélytisme est-il inhérent à la religion islamique ?

Oui, l'expansionnisme est consubstantiel à l'Islam. Certaines mosquées, pour des raisons tactiques, y appellent à demi-mot ; d'autres le font ouvertement. Les premières sont classées sous le label de la modération, les secondes sont labélisées intégristes.

Quant aux autres islamisateurs, ils ne s'en

cachent pas ; il suffit de faire un tour au congrès annuel de l'Union des Organisations Islamiques de France et de comprendre un peu l'arabe pour suivre les TV arabes pour s'en rendre compte.

Oui, mais les gens sont responsables quand même, comment se laissent-ils embrigader ainsi ?

Certains résistent, mais la majorité cède devant une littérature à bas prix, dangereusement obscurantiste, qui n'encourage ni la réflexion ni la liberté de conscience et qui apporte des réponses illusoires et simplistes. En un mot, ces livres étalés au Bourget par l'UOIF et dans toutes les foires du livre dans le monde arabe n'ont qu'un seul but.

Et lequel ?

Empêcher les gens de penser par eux-mêmes, les inciter à rabâcher des sentences énoncées par tel ou tel cheikh. Cette littérature appelle catégoriquement à la soumission béate.

Peux-tu citer quelques titres ?

Tu peux te procurer *Le licite et l'illicite en Islam,* le *livre* de Youcef Qaradawi, une référence pour les musulmans. C'est un frère musulman connu par ses discours réactionnaires sur la chaîne *Al Jazeera*. Il a été l'hôte de l'UOIF au Bourget il y a quelques années. Ce bouquin traduit en français bloque toute réflexion, enferme l'humain entre les murs du dogme islamique.
Tu peux lire aussi *Les supplices de la tombe* et d'autres titres de ce genre.

Oui, mais ne crois-tu pas que critiquer la religion islamique risque de pousser les musulmans modérés à se jeter dans les

bras des extrémistes ?

À une seule condition : si les musulmans modérés étaient des intégristes clandestins ou masqués, et qui attendraient la moindre occasion pour revenir aux sources ! Mais ne pas être intégriste, c'est plus profond que cela.

C'est une question posée rarement mais sincèrement, souvent pour empêcher toute critique vis-à-vis des religions. Éviter tout débat par peur d'offenser les musulmans ou les jeter dans les bras de l'intégrisme conduit au contraire à satisfaire les exigences des islamistes et légitimer leur idéologie.

Ah, si on traduit aux Occidentaux les médisances et les insultes dont ils font l'objet dans la presse, dans les prêches, les déclarations politiques... Le discours dominant dans le monde arabo-musulman est hostile à l'Occident et ses religions. Pourquoi ne parle-t-on pas d'une occidentophobie ? Pourquoi les musulmans n'ont-ils pas peur de jeter les Européens humanistes dans les bras de l'extrême droite ?

De plus, l'Islam n'est pas la propriété des musulmans. Et comme il parle de tout le monde, tout le monde peut parler de lui. Le temps du blasphème est révolu, même si la majorité des pays islamiques veulent le ressusciter en menant des pressions de tout genre sur les instances internationales telles que l'ONU...

Revenons aux pays dits islamiques, quelle est la politique menée là-bas pour contrecarrer la montée du fanatisme et l'islamisation ?

À part la politique de l'autruche, on n'en pratique aucune autre dans ce monde. Écoute comment le roi Abdallâh se moquait des lecteurs du journal *Le Monde :* « La démocratie fait partie de notre foi musulmane. »

Et ce n'est pas vrai ?

C'est à toi de voir ! Le prophète disait dans un hadith : « Celui qui change de religion, tuez-le. » Et tu sais, l'Islam selon les musulmans, ce n'est pas une religion parmi d'autres, mais il est la Religion.

Oui, mais certains parlent d'un certain nombre de faux hadiths ?

D'accord, mais celui-là, il est certifié. Mais laissons le hadith de côté, allons voir dans le Coran ! Écoute : « Ô prophète, mène le djihad contre les mécréants et les hypocrites et sois rude à leur égard, leur refuge sera l'enfer et quelle mauvaise destination. » (LXVI : 9)

Mais ça reste des textes théoriques quand même ?

Non, cela dépasse largement ce cadre car il y a plein de versets, hadiths et adages qui appellent à la liquidation physique de l'autre, le non-musulman, tu peux aller consulter les manuels scolaires sur le site du ministère saoudien de l'Éducation.

Pas de démocratie alors ?

Démocratie et Islam renvoient à des sphères de pensée différentes. La première est l'enfant légitime des Lumières, le second est une doctrine du salut. C'est un mariage contre-nature.

Pourquoi et comment ?

Celui qui gouverne est responsable devant Dieu et non pas devant le peuple. Le peuple musulman n'a pas le droit de rejeter la charia. Aucun responsable musulman ne la remet explicitement en cause. La définition du mot démocratie elle-même suffit à prouver qu'elle est contraire à l'Islam.

Même au pays du Maghreb ? L'Algérie a combattu le fanatisme plus de 10 ans ! Avec la Mudawana, le statut de la femme a bien évolué au Maroc. Et en Tunisie la condition de la femme est plus que correcte, enfin jusqu'à maintenant !

Puisque tu évoques la question de la femme sous l'Islam, détaillons !

Le code algérien de la famille de 1984, toujours en vigueur, ne complique pas les choses aux juges, il ordonne dans son article 222 : « En l'absence d'une disposition dans la présente loi, il est fait référence aux dispositions de la charia. »

Voici le message adressé aux femmes algériennes par le président Bouteflika à l'occasion de la journée internationale de la femme : « Vous avez revendiqué l'amendement du code de la famille, vous l'avez eu, mais je ne pouvais faire plus… »

Pourquoi donc ?

Attends, ce n'est pas terminé : « Il m'était impossible, poursuit-il, de suivre la voie de certains pour désobéir à Dieu. Je ne peux marchander avec les versets. Aux hadiths, peut-être que l'on peut trouver différentes interprétations, mais pas aux versets. »

C'est-à-dire ?

Circulez, il n'y a rien à réformer. Le sort de la femme algérienne est islamiquement scellé !

Et la marocaine ?

L'article 400 de la fameuse Mudawana de la famille promulguée le 3 avril 2004 ne laisse aucun doute sur le caractère islamique de ce code marocain de la famille. « Pour tout ce qui n’a pas été expressivement énoncé dans le présent code, dit l’article, il y a lieu de se référer aux prescriptions du rite malékite et/ou aux conclusions de l’effort jurisprudentiel (ijtihad) aux fins de donner leur expression concrète aux valeurs de justice, d’égalité et de coexistence harmonieuse dans la vie commune que prône l’Islam. »

Le roi du Maroc, Mohamed VI, déclarait dans son discours du 10 octobre 2003, c'est-à-dire un an avant la promulgation de la Mudawana : « Je ne peux, en ma qualité d’Amir el mu’minine (commandeur des croyants), autoriser ce que Allah a prohibé, ni interdire ce que le Haut-Puissant a autorisé. »

Et en Égypte ?

La même conception de la législation, c’est

l'esprit islamique qui domine. D'ailleurs, la nouvelle loi égyptienne du statut personnel (2002) insiste dans son article 3 : « Les décisions sont prises conformément aux lois du statut personnel... En cas de silence des textes, il est fait recours à l'opinion prévalant de la doctrine de l'iman Abou Hanifa. »

Femmes musulmanes de tous les pays, unissez-vous ! Alors...

Je leur dirais : « Réveillez-vous ! » Nous discuterons le statut de la femme sous l'idéologie islamique ultérieurement. Par ces exemples, j'ai juste essayé de te montrer que l'intégrisme est une politique officielle dans le monde islamique.

L'intégrisme, une politique officielle ?

L'intégrisme, c'est quoi, en fin de compte ? C'est la charia appliquée : transformer les versets coraniques et les hadiths en règles juridiques. Donc, il ne faut pas se raconter d'histoires, les pays arabo-islamiques appliquent la charia, d'une façon ou d'une autre.

Mais il ne faut pas généraliser. La Tunisie, ce n'est pas l'Arabie saoudite, quand même ?

Je te l'accorde, ça n'a rien à voir, tu as choisi les deux extrêmes. Mais dans l'ensemble l'application de la charia varie en intensité d'un pays à l'autre. Je pourrais ajouter que le fond reste le même.

Intégriste !

Bravo ! Il n'y a pas de fascisme light. L'islamisme light, non plus n'existe pas.

Pour toi, ceux qui appellent à une réforme de l'Islam ont tort ?

Ils ont tout faux. Je ne crois ni à une réforme de l'Islam, ni à un Islam modéré.

Donc la seule perspective que tu laisses au musulman est de devenir athée ! Tu ne crois pas que c'est un peu illusoire ?

Tu me fais vraiment rire. N'est pas athée qui veut ! Dans toutes les civilisations les athées ne sont qu'une minorité. La seule perspective est le retour au réel, les musulmans devraient tôt ou tard composer avec la modernité, mettre fin à la fonction politique de leur religion.

Quelles sont les raisons qui te permettent d'avancer que l'Islam est irréformable ? Comment peux-tu démontrer l'impossibilité d'adapter le dogme islamique aux exigences des temps modernes ?

Je ne veux pas répondre d'emblée par un discours théorique, mais préfère passer par des exemples concrets où on peut voir, au fur et à mesure, la collision entre la vie et le dogme islamique.

Oui, mais quelle est ton objection principale ?

J'aime signaler une grave erreur, devenue une thèse dominante défendue par une armada d'islamologues : la bonne compréhension de l'Islam conduit à la modernité, à la réforme globale de la société arabe, au progrès… ! Je propose une autre voie, la seule possible d'ailleurs : sortir du religieux.

Alors l'islamisme n'est pas le résultat de la pauvreté ; en un mot, ses racines ne sont pas sociales ?

Beaucoup de spécialistes optimistes nous rassurent que l'intégrisme n'existe pas et qu'il découle de problèmes sociaux. Il est réduit à des causes périphériques telles que la misère, l'humiliation, la frustration et autres... D'autres justificateurs trouvent un lien entre ce fléau et la naissance de l'État d'Israël ! Ils oublient vite que les frères musulmans, première association islamiste, mère légitime de tous les groupuscules islamistes d'aujourd'hui, a été fondée vingt ans avant la naissance de l'État hébreux !

Vas-y continue, je vois où tu veux en venir (sourire).

Même si tout allait bien dans ce monde arabo-islamique, l'intégrisme existerait quand même. Il n'est pas une simple déviation de la religion de Mahomet, comme aiment répéter la majorité des commentateurs. L'intégrisme n'est pas la maladie de l'Islam ! Il n'est que l'Islam poussé à son terme. Être intégriste, c'est aller jusqu'au bout de sa foi.

C'est grave ! Tu ne fais pas de différence entre musulmans et islamistes ?

L'intégrisme est inscrit dans la nature de toute religion. Les sources du fondamentalisme sont ancrées dans la religion. En dépit de l'importance de ses autres origines, il reste le fils légitime de l'Islam. C'est le résultat logique que portait dans son ventre la vision théologique islamique du monde.

L'islamisme est un mouvement politique, ce n'est pas une culture, une philosophie ?

Avant d'être un programme politique, l'intégrisme est un état d'esprit. Son effet se ressent dans la vie de tous les jours dans les pays à majorité musulmane. La question qui se pose à l'heure actuelle n'est plus : « Qui est intégriste ? » Mais : « Qui ne l'est pas ? » Tout jeune non contaminé pourrait écrire son Journal d'un rescapé de l 'islamisme. L'intégrisme va de soi, c'est le contraire qui surprend. Ne pas être intégriste, c'est un exploit en terre d'Islam.

C'est difficile de lutter contre…

L'islamisme est en phase terminale, pronostiquent les islamologistes ! Comme si leur islamisme n'avait aucun ancrage dans la culture islamique, comme s'il n'était pas une réalité sociologique. Au contraire, l'obscurantisme se porte bien, il est même dans une forme olympique. Ce n'est pas un éclair dans un ciel bleu, c'est une tendance lourde. Selon la majorité des musulmans, la charia est valable tout le temps et partout, quelles que soient l'époque et les circonstances.

Que faire alors ?

Seule une révolution mentale pourrait faire disparaître les ingrédients du fondamentalisme islamique. Mais les conditions de cette intifada culturelle sont loin d'être réunies. Il n'y a rien qui se fait pour en finir avec cette « islamisite ». Pour s'en remettre, il faudrait désintoxiquer les esprits et les âmes contaminés par l'Islam totalitaire.

Comment tu vois la question en France ? L'Islam menace-t-il vraiment la laïcité ? Crois-tu à une réaction des politiques ?

Je n'attends rien des politiques, en revanche je suis convaincu que les forces laïques ne se laisseront pas faire ni par les intégristes ni par les hommes politiques aventuriers qui ne pensent qu'à leur réélection. La société civile n'est pas morte, elle ne tardera pas à réagir pour mettre fin au retour de la religion dans la sphère publique. Comme je l'ai écrit récemment en arabe sur le site des rationalistes arabes, l'islamisation n'a pas de limites : on exerce des pressions sur les femmes non voilées pour se hidjabiser (se voiler), sur les voilées pour se niqabiser (se voiler intégralement) et ainsi de suite…

Mais c'est un choix !

La lucidité, nous dit Szasz, est beaucoup plus une question de courage que d'intelligence.

Szasz ! Drôle de nom…

Oui, Thomas Szasz, c'est l'auteur de *Fabriquer la folie, Le péché second, Le mythe de la maladie mentale, Les rituels de la drogue*. C'est un psychologue américain oublié. Mais restons sur notre sujet si tu veux bien…

O.K., restons en France alors… l'Islam

représente-t-il un obstacle devant l'intégration des musulmans, comme le prétendent certains ?

Contrairement à ce que pensent les spécialistes d'études islamiques, je crois profondément – et peut-être en connaissances de cause- que pour vivre en paix avec sa religion, il faut au musulman un É tat islamique. Pourquoi ? Parce que ce qui est légal peut être illicite (charia). Et ce qui est licite peut être illégal ! Que suivre alors ? La foi ou la loi ? C'est un dilemme pour le musulman ? Un casse-tête permanent !

C'est parce qu'il n'est pas dans son environnement.

Non, lis donc ces extraits de cette interview que j'ai traduite de l'arabe. À toi de juger :

(J'ai discuté longuement avec un frère musulman, sa dernière année de médecine

bientôt achevée, il sera un étudiant comme tous les autres. Ni barbe, ni gandoura et parlant l'anglais couramment. Voici un résumé de notre discussion. No comment.

Comment vois-tu la crise égyptienne ?

Le pouvoir d'Allah est la seule solution. L'Égypte deviendra ainsi un État islamique, appliquant la loi divine ; une fois ce rêve réalisé, nous ferons tout pour rassembler tous les pays islamiques dans un seul grand État.

Ta patrie, c'est l'Égypte ou la communauté islamique ?

Mon pays, c'est l'Égypte, mais je crois que le grand État islamique est plus noble, plus glorieux et plus puissant, voire le seul moyen pour être une puissance mondiale.

Accepterais-tu la disparition de l'Égypte avec toute son histoire, sa dissolution dans l'État islamique ?

Pourquoi pas ? L'histoire dont tu parles est

dans sa globalité une histoire païenne odieuse. Ce patrimoine pharaonique n'est ni nécessaire ni important. Je déteste ces vestiges.

Comment vois-tu l'application de la charia islamique ?

La loi d'Allah est claire, son application immédiate est un devoir pour tous les musulmans.

Tu veux qu'on coupe la main aux voleurs, par exemple ?

Oui, mais je laisse ces questions délicates aux théologiens de notre association.)

C'est dans quel journal ?

El misri el youm, l'Égyptien aujourd'hui, *du 27 mai 2009*, un journal important.

C'est ça l'Égyptien d'aujourd'hui ?

Heureusement qu'il reste une minorité d'Égyptiens qui résistent à cette décadence culturelle. Ce jeune étudiant est non seulement un échantillon représentatif de la majorité des Égyptiens mais de la majorité des jeunes arabes d'aujourd'hui, minés, intoxiqués par l'idéologie des frères musulmans. Il suffit d'ouvrir les yeux. Ni l'intégrisme ni l'Islam ne sont difficiles à comprendre. Ce qui est difficile, c'est remettre en question les discours populistes sur l'Islam.

Par exemple ?
L'Islam est valable pour tous les temps et tous les lieux. Pas de contradiction entre Islam et modernité. L'Islam est une religion d'amour, de tolérance, de paix

Tu te crois drôle (sourire).
Ou ITT.

C'est quoi ça encore ?
Islam Tout Terrain.
Ce discours passe très bien, il est pratiqué

depuis deux siècles déjà… depuis la rencontre du monde musulman avec le colonialisme.

Ah oui…

À partir de cette rencontre avec l'Européen, le musulman prend conscience de son arriération. Et depuis ce temps-là, il est suspendu entre son passé de dominateur et son présent de dominé.

Une crise d'identité ?

Oui, les penseurs arabes contemporains appellent la prise de conscience de ce retard par rapport aux Européens : le choc de la modernité. Problématique formulée dans les années 30 par Chakib Arselan : pourquoi les musulmans régressent-ils et pourquoi les autres avancent-ils ?

Et la réponse ?

Parce que les musulmans n'ont pas pu dépasser leurs dogmes religieux et restent maladivement attachés à la religion. J'avais illustré cela par maints exemples au cours de notre discussion. C'est évident, c'est cet attachement au patrimoine religieux qui pose problème, même pour les musulmans installés hors du monde islamique. Mais devant cette réalité amère, la question pour moi n'est pas celle-ci, du moins elle ne devrait pas être formulée ainsi.

Comment la formules-tu ?

L'Islam est-il responsable ou non de leur retard ?

Et que répondent-ils ?

Bien sûr ils répondent tous que c'est non. Enfin presque tous ! Depuis les réformistes de la Nahda arabe (Renaissance du XIXe siècle) jusqu'aux « nouveaux penseurs de l'Islam », on a essayé de bricoler une concordance plus que douteuse entre les données du Coran et les acquis de la modernité.

Un exemple pour bien illustrer ce point ?

Dans son livre *Islam, le face à face des civilisations*, notre frère Tarek Ramadan est persuadé que les musulmans possèdent tous les moyens pour relever les défis et vivre tranquillement dans une société moderne et sans trahir leur identité.

Est-ce difficile ?

C'est ce qu'on va essayer de vérifier tous les deux, si tu es patiente.

A condition de ne pas trop s'éloigner de notre sujet l'intégrisme islamique ?

Nous sommes au cœur du problème :

l'islamisme n'est pas étranger à l'Islam et à son histoire.

N'est-il pas une déviation politicienne de la religion islamique ?

Tu sais à quoi aspirent les intellos arabes depuis 200 ans ? À concilier l'identité islamique et le monde moderne ! Cette obsession est devenue avec le temps le seul moyen selon eux de rattraper le retard, voire un projet culturel. Cette prétendue conciliation entre Islam et progrès est un sport national aujourd'hui, en tout cas le sport favori de l'intelligentsia arabe et islamique.

Mais ne peut-on pas avancer tout en respectant notre culture ? L'un n'empêche pas l'autre ?

Théoriquement, oui. Mais sur le terrain les choses se compliquent. Certains ont renversé complètement les données du problème : au lieu de moderniser l'Islam, ils prétendent islamiser la modernité.

Il existe tout de même d'autres penseurs qui ont une approche rationaliste et qui proposent une autre solution ?

Heureusement, mais ils sont une exception qui confirment la règle.

Tu peux citer quelques approches de ce genre ?

Mahmoud Mohamed Taha, appelait, par exemple, à abroger la seconde moitié du Coran.

Pourquoi la seconde moitié ?

C'est-à-dire le côté juridique de l'Islam, le côté périmé par l'évolution historique. Ce penseur soudanais a fondé les frères républicains. C'était sa riposte sur le terrain contre la confrérie des frères musulmans.

C'est génial !

Il a été exécuté par le régime islamique au Soudan par des rejetons des frères musulmans.

Ils sont partout ces frères.

Oui, malheureusement, tu connais leur célèbre slogan lancé dans les années 20 : le Coran est notre constitution. Il est repris partout dans le monde arabe et même en Europe.

En Europe ?

Il a été repris explicitement en France par le président de l'Union des Organisations Islamiques de France en 2003 : « Le Coran est notre constitution, il régit notre vie. » Quant à l'autre Français, Youcef Oussedik, il nous annonce dans son livre, *Nous n'avons jamais lu le Coran,* que le problème est en nous, pas dans notre religion.

Mais j'insiste sur les rationalistes dans le monde arabe lui-même ?

Citons Ali Abderazik, ce professeur de la mosquée-université al Azhar en Égypte, celui qui a écrit *Les fondements du pouvoir en Islam,* dans lequel il a prôné une timide laïcité. Il lui a été interdit d'enseigner, à vie. Mais pour aller plus vite, ces modernistes précurseurs sont aujourd'hui oubliés. Et on revient encore une fois à l'éternelle et mauvaise question de la conciliation.

Conciliation entre l'Islam et la modernité bien sûr ?

La mode est la conciliation entre le patrimoine islamique et la modernité, authenticité et contemporanéité. Tel est le slogan en vogue qui résume parfaitement la problématique de notre discussion

En d'autres termes ?

La majorité des intellectuels musulmans refusent d'admettre que l'Islam serait incompatible avec l'esprit de la modernité et ne cessent de convoquer le passé pour faire accepter leur point de vue. Malheureusement, le public musulman se précipite sur ces auteurs dits « réformistes », même s'ils ne proposent qu'un arrangement avec l'impossible, pour plagier Cioran. Ils n'inventent qu'une vision cohérente du chaos.

A quoi est dû leur succès alors ?

Les gens préfèrent généralement le politiquement correct, les mensonges apaisants aux vérités dérangeantes.

Que reproches-tu à ces intellectuels réformistes, comme tu dis ?

Ils se demandent toujours comment concilier Islam et modernité et ne se posent jamais la bonne question.

Laquelle ?

L'Islam est-il conciliable avec le monde actuel ? Est-il soluble dans la modernité ?

Désolé, mais je ne vois pas comment il ne pourrait pas s'adapter ? C'est déjà chose faite, non ? Prier, jeûner, faire l'aumône, aimer son prochain, manger halal... tout ça se fait partout dans le monde sans causer le moindre problème à ma connaissance.

Tu as raison ; tant que le dogme reste dans la sphère privée, cela ne devrait gêner personne. Mais le problème avec l'Islam c'est qu'il est une religion prosélyte.

Détaillons la question un peu plus si tu veux bien...

Le dogme islamique s'adapte-il aux

exigences des temps modernes ?

Sois plus précis.

La liberté de conscience, le droit de penser, l'autonomie de l'individu, le libre usage de soi, l'égalité des sexes… ces questions et tant d'autres pourraient-elles se résoudre dans le cadre de la religion islamique ?

Dans quel sens ?

C'est-à-dire sans heurter ni le Coran ni la sunna (la tradition prophétique). Mais pour ne pas rester dans la rhétorique, allons voir de plus près encore les choses : que disent les textes sur certaines questions brûlantes qui se posent aujourd'hui ? Et comment sont-elles comprises par la majorité des musulmans ?

***Et si on évoque des thèmes bien précis pour ne pas rester dans des généralités : le jihad, le statut de la femme et l'apostasie*.**

Très bien, tu as choisi les questions qui fâchent.

Ont-ils tort ceux qui refusent de donner au jihad le sens de guerre sainte ?

Dans leur majorité, les intellectuels musulmans d'aujourd'hui ne veulent pas évoquer l'aspect guerrier du jihad, celui qui pose un problème sérieux à tout le monde, le 11 septembre est édifiant. Ils préfèrent retenir le sens spirituel, le combat contre ses propres passions.

Mais que disent les théologiens

musulmans ?

Dans les films, les pièces de théâtre et à l'école, on le présente presque toujours ainsi : une guerre contre les ennemis d'Allah. Il a bien le sens de guerre, de combat. Son sens dépasse de loin le simple sens moral évoqué souvent par des falsificateurs pour englober la lutte individuelle et collective contre les non-musulmans. Personne ne peut nier que c'est le sens matériel, guerrier, qui l'a fortement emporté sur le terrain historique.

Quel est le but de ce jihad ?

Voilà un hadith à méditer : « Si tu es témoin d'un usage non islamique, stoppe-le par la force. Si tu n'as pas le pouvoir de le faire cesser, condamne-le dans ton cœur. »

C'est le prophète qui parle ?

Ce célèbre hadith est évoqué dans les prêches, enseigné à l'école, répété à la radio.

Dans quel but ?

En Islam, la foi sans œuvres, sans action militante n'a aucun sens.

Quel est le rapport avec notre sujet l'intégrisme islamique ?

L'intégrisme n'est rien d'autre que de croire posséder la vérité et vouloir corriger ceux qui ne l'ont pas. L'Islam a appelé à la guerre sainte dès son origine. Elle est non seulement juste mais licite, elle sanctifie et procure des récompenses dans l'au-delà.

Comme quoi ?

Le paradis et ses houris, ces femmes éternellement vierges, jeunes et belles. Et comme l'Islam a vocation à se répandre sur toute la planète, le jihad est la meilleure voie. Cela est évident, le terme de jihad est employé dans le Coran 22 fois dans un sens général, 3 fois dans un sens spirituel, 10 fois dans un sens strictement guerrier.

Mais il y a des versets qui invitent à la tolérance envers les autres religions, les gens du Livre, chrétiens et juifs ?

D'accord, mais je peux te citer des versets appelant à la guerre sainte, comme celui-ci : « Combattez dans le chemin de Dieu ceux qui luttent contre vous. » De plus, il y a beaucoup de versets qui appellent au conflit avec ces mêmes croyants chrétiens et juifs. Quant aux païens et mécréants, l'Islam est intransigeant avec eux. Ils n'ont pas d'autres choix que la conversion, l'exil ou la mort. Tu voulais des textes éloquents sur la question ?

Oui.

Voici des versets dans l'une des meilleures traductions de l'arabe : « Ô gens du livre, pourquoi mêlez-vous le faux au vrai et cachez sciemment la vérité ? » (III : 71).

« N'obéis donc pas aux infidèles ; et avec ceci (le Coran) lutte contre eux vigoureusement. » (XXV : 52)

« Ô prophète, mène le jihad contre les mécréants et les hypocrites et sois rude à leur égard, leur refuge sera l'enfer et quelle mauvaise destination ! » (LXVI : 9).

« Les juifs et les chrétiens ne seront jamais satisfaits de toi jusqu'à ce que tu suives leur religion. » (II : 120)

Quant au verset 111 de la sourate *Al Touba*, il n'y va pas par quatre chemins :

« Certes, Allah a acheté des croyants, leurs personnes et leurs biens en échange du Paradis. Ils combattent dans le sentier d'Allah : ils tuent, et ils se font tuer. C'est une promesse authentique qu'Il a prise sur Lui-même dans la Thora, l'Évangile et le Coran. Et qui est plus fidèle qu'Allah à son engagement ? Réjouissez-vous donc de l'échange que vous avez fait : et c'est là le très grand succès. »

Tu disais une bonne traduction ?

Oui, mais en arabe c'est encore mieux, les mots sont sans équivoques.

Et hors du texte sacré, c'est quoi le jihad ?

La portée du jihad s'est amplifiée avec le temps, même si les mystiques musulmans ont essayé de donner au mot un sens strictement spirituel. Mais les mystiques, personne n'en veut dans la civilisation islamique, ils restent une minorité ostracisée, vue comme des hérétiques. Avec la propagation de l'Islam le mot a pris une tonalité conquérante. Tu sais que la dhimmitude est une résultante du jihad ?

Comment veux-tu que je sache si je ne connais même pas le sens du mot ?

Ça vient de l'arabe dhimmi. L'Islam considère comme dhimmis tous les non-musulmans vivant parmi les musulmans dans une société soumise à sa loi par la force, c'est-à-dire dans des conditions qui les placent en situation d'infériorité. On a parlé des Coptes, du mot grec *Aiguptios,* lesquels ont donné leur nom à l'Égypte et qui se trouvent aujourd'hui prisonniers dans un statut de dhimmis selon la loi égyptienne, basée sur la charia.

Partout où il y a jihad, il y a dhimmitude. Mais même à l'intérieur de la société islamique le jihad a sa fonction aussi.

Quelle fonction ?

Il a toujours été un moyen pour traquer les apostats et les rebelles. L'idée de guerre sainte permanente s'est imposée à partir du Xe siècle.

Comment ?

Tu la trouves bien expliquée dans d'innombrables traités. Et aujourd'hui la figure du martyr devient incontournable, le combattant, le moujahid (guerrier de Dieu) est glorifié, élevé au rang des prophètes même chez certains chiites.

Mais tout ça c'est fini ?

Je veux bien, mais l'appel au jihad, au combat par les armes pour l'expansion de l'empire musulman fait partie des enseignements du Coran. Kadhafi a appelé le monde islamique au jihad contre la Suisse en 2010, et, ironie du sort, il a connu une fin tragique par des djihadistes.

Ne parlons pas des prêches enflammés des mosquées pendant la prière du vendredi partout dans le monde. Ce n'est pas un secret si je te dis que le jihad a été le moteur de l'extraordinaire expansion de la religion islamique.

Tu répètes que la guerre sainte appartient à l'Islam originel et non pas à l'intégrisme.

C'est à toi d'en tirer des conclusions. Mais pour revenir à aujourd'hui, écoute ce que dit le président iranien Ahmad Indjad : « Si nous voulons construire notre pays, préserver notre grandeur et régler les problèmes économiques, nous avons besoin du martyre. Le martyre est un raccourci pour atteindre le sommet de la félicité. »

Mais celui-là est un intégriste !

Le prophète est-il intégriste ou musulman quand il dit : « Celui qui quitte la religion de l'Islam, tuez-le. »

Sans commentaire.

Tu n'es pas convaincue ou tu ne veux pas aller contre tes opinions déjà faites ? Tiens, un autre verset pour la route comme on dit :

« Il n'y a point auprès de Dieu d'animaux plus vils que ceux qui ne croient pas et qui restent infidèles » (VIII : 57).

Pour en finir avec ce thème, quel est l'objectif ultime du jihad ?

Conquérir le monde entier et le soumettre à la loi unique, la seule loi valable et éternelle : la charia islamique. En d'autres termes, soumettre l'humanité à la meilleure nation, la nation islamique. Celle qu'Allah avait désignée pour guider cette humanité égarée.

A mon avis, tu insistes trop sur le côté militaire du jihad, d'autres mettent en exergue l'aspect spirituel.

Même si on a voulu maintenir la confusion sur ce mot, cette guerre sainte est au cœur de l'Islam.

Sérieux ?

Sais-tu que c'est le plus beau des actes de dévotion, la meilleure des prières. C'est par cette voie que le prophète avait réussi à écraser les mécréants, te disent les musulmans, enfin presque tous. C'est ainsi que l'école enseigne le jihad dans tout le monde islamique.

Quoi ?

Se battre, se faire tuer au nom de l'Islam, cela fait partie du dogme lui-même. Selon l'Islam, il y a deux types de territoires : territoires de paix, dar essilm, pays islamisés et territoires de guerre, dar el harb, pays en voie d'islamisation.

Mais aujourd'hui personne n'y croit quand même ?

En avril 2008, l'Association des oulémas musulmans algériens a organisé un concours pour les jeunes : développer l'idée que la charia de Mahomet va bientôt régner sur le monde parce qu'elle est en accord avec la raison et la sagesse. J'aurais aimé lire et te traduire quelques copies et surtout quelques observations de correcteurs pour que tu saches que l'idée du jihad reste toujours vivante.

En tout cas, j'avoue que tu as ébranlé certaines de mes certitudes concernant la guerre sainte en Islam. J'ai envie maintenant de te poser des questions sur un autre sujet brûlant… le statut de la femme en Islam, le voile, la virginité, etc…

« Il n'y a pas un homme et une femme qui restent seuls sans que le troisième ne soit le diable ». C'est le prophète qui parle.

Pas de mixité alors ?

La femme et l'homme sont perpétuellement tentés par le diable. Le voile est une cage imposée aux femmes pour éviter Satan et ses tentations. Avant la guerre civile en Syrie, on voyait partout des femmes voilées sur des panneaux publicitaires appelant les Syriennes à se voiler ; on peut y lire : « L'élégance de la femme voilée », « Ton élégance est dans ton hidjab », « Madame, ton hidjab protège ta beauté. »

Pour ne pas rester dans la théologie, voici une anecdote qui pourrait expliquer beaucoup de choses : il y a quelques années, le ministre de la Culture, Farouk Hosni, a déclenché en Égypte une polémique violente. Les frères musulmans, la mosquée d'Al Azhar, tout le monde voulait sa tête. Son crime : il a simplement déclaré que les cheveux des femmes sont beaux comme des fleurs et ne doivent pas être couverts, ni voilés devant les autres.

Certaines femmes soutiennent qu'il y a une égalité juridique entre la femme et l'homme en Islam.

La religion islamique est née dans une culture patriarcale qui considère la femme comme faible et vulnérable. D'ailleurs, quand elle vit seule aujourd'hui, on l'appelle au Maroc et en Algérie par exemple *ouliya*, la pauvre, la sans-défense, en un mot la paumée.

Concrètement ?

Le musulman est libre d'être avec une croyante d'une autre religion ; par contre, la musulmane doit épouser un musulman. Sais-tu que plus de 50 000 jeunes femmes européennes seraient victimes de mariages forcés, parfois à l'âge de 13 ans. (*Le Monde des religions*, juillet-août 2008).

C'est injuste.

En cas de divorce, la garde des enfants revient au père, ainsi que le domicile familial.

Et le prophète, il aimait les femmes, non ?

Il dit dans un hadith certifié : « Si je devais ordonner à quiconque de se prosterner, je demanderais à la femme de se prosterner devant son mari, à cause des droits énormes qu'il a sur elle. » Il dit encore : « Si un homme demande à sa femme de venir dans son lit, et si elle décline l'offre, les anges vont la maudire jusqu'au petit matin. »

Ce n'est pas vrai !

Dans un hadith dans Sahih Muslim, de son voyage dans l'au-delà, le prophète nous rapporte ceci :

« Les femmes sont une minorité au paradis. »

Mais je t'ai dit à maintes reprises que ce que tu appelles les intégristes ne sont pas les seuls responsables de la condition désastreuse de la femme musulmane.

Qui d'autre ?

La Conférence Islamique a bricolé au Caire une déclaration de droits de l'homme en Islam. Celle-ci ignore évidemment l'égalité homme/femme et ne fait référence qu'à la charia.

Peux-tu me dire un mot sur la charia ?

Traduite souvent rapidement par loi de l'Islam. En vérité, c'est un bloc spirituel juridique et social, absolument opposé aux droits de l'homme. À la Conférence des Nations Unies sur les femmes en 1995 à Pékin, les pays musulmans dans leur majorité ont voulu remplacer le terme d'égalité par celui d'équité dans le document final pour respecter cette charia. Et maintenant en 2011, ces pays se liguent pour criminaliser la critique de la religion islamique en Occident.

Et les féministes musulmanes ?

Féministes et voilées ! Laisse-moi rire. Comment peux-tu être pour les droits des femmes et musulmane en même temps ? C'est une contradiction dans les termes. Mais le plus triste dans tout ça, c'est quand des femmes comme Fadéla Amara, fondatrice de « Ni putes ni soumises », déclarait sans aucune retenue : « Moi qui suis croyante, je considère que la philosophie qui se dégage du Coran est révolutionnaire et émancipatrice pour la femme. » Sans rire ! N'est-il pas irresponsable de lancer des choses comme ça ?

Leila Babes, une sociologue française, avait de l'audace quand elle a déclaré :

« Il n'y a rien en Islam qui permette à l'homme de frapper la femme. »

Sans commentaire. Mais quand on a la chance de ne pas subir cette philosophie tous les jours, on peut dire ce qu'on veut.

Tu ne peux pas nier une certaine amélioration de la condition de la femme avec l'avènement de l'Islam ?

C'est un argument purement intégriste, enfin islamique plein de mauvaise foi. Tu devrais remarquer que ce qui était précurseur au VIIe siècle est aujourd'hui archaïque en Occident et problématique même pour les sociétés musulmanes elles-mêmes.

Ah bon !

Sous la pression des besoins économiques et sociaux et la pression internationale, la plupart des pays islamiques, quand ils sont obligés, contournent les dogmes archaïques islamiques, comme la polygamie et la répudiation. On ne coupe plus la main du voleur ni au Maroc ni en Algérie ni en Tunisie, comme on le fait en Arabie saoudite et au Soudan, où on pratique encore les coups de fouets imposés par la charia.

Comment procède-t-on en Algérie, au Maroc et en Tunisie ?

On a remplacé ces punitions dégradantes par des peines d'emprisonnement et d'amendes.

Ils sont modernes, non ? Tu le reconnais toi-même ? Ils n'appliquent plus le Coran…

Si ces pays ont adopté un code pénal de droit positif, en revanche la charia reste la référence pour le statut personnel ou le droit de la famille. Mais il ne faut pas parler d'un « monde arabe » mais de « sociétés arabes », d'un « monde islamique » mais de « sociétés islamiques ».

Quelle est la différence ?

La relation de ces sociétés avec la modernité n'est pas identique car leur histoire avec elle est différente. Tu ne dois pas confondre l'Arabie saoudite, la Tunisie, l'Algérie et le Yémen. Et puisque on parle de la France, je peux te conseiller un livre qui se vend dans le pays de Simone de Beauvoir.

Vas-y.

C'est le livre de cheikh Qaradawi, *Le licite et l'illicite en Islam*, pour que tu saches pourquoi et comment un bon époux doit battre sa femme, avec la main, sans fouet, ni morceau de bois et en épargnant le visage. Voilà la philosophie du président du Conseil de la Fatwa en Europe, le cheikh vénéré par tous les croyants musulmans, l'ami de tous les pouvoirs en place. Mais il y a pire que cela !

Pire ?

En Égypte, le mufti de la République, le cheikh Ali Gomma s'est opposé à la candidature de Nawal Saadawi aux élections présidentielles en 2005, une femme de lettres et psychologue de renommée internationale, à son actif 40 livres, traduits dans une trentaine de langues…

Pourquoi cette opposition ?

Si tu as une âme sensible tu dois t'abstenir (rire).

Vas-y, je gère…

Sous prétexte qu'une femme ne pouvait être présidente car elle a ses règles.

Mais il est horrible ce mec.

Mais il s'inspire directement du Coran.

Tu exagères là ?

Non, écoute ce verset : « *Ils t'interrogent sur les règles des femmes. Dis leur : c'est un inconvénient. Séparez-vous de vos épouses pendant ce temps et n'en approchez que lorsqu'elles seront purifiées. Lorsqu'elles seront purifiées, venez à elles comme vous l'ordonne Dieu, il aime ceux qui se repentent, il aime ceux qui observent la pureté* (II : 222). Je te dis encore une chose, selon la charia, il faut respecter l'hygiène après l'amour, l'amour est assimilé aux autres fonctions naturelles du corps. Écoute le verset 46 de la sourate des *Femmes*

Que dit-il ?

« Ne priez point, lorsque vous êtes souillés, avant de vous être lavés. Lorsque vous serez malades ou en voyage et que vous aurez satisfait vos besoins naturels ou que vous aurez commerce avec des femmes, frottez-vous le visage et les mains avec de la poussière, faute d'eau. »

Une autre cata ma chérie, tu sais, s'il a faim, le musulman a pour obligation de tuer un non musulman, ou un apostat et de le manger. Et cela, on l'enseigne aux étudiants à l'université Al-Azhar, l'Université islamique égyptienne la plus réputée dans le monde islamique[1].

Tu m'as assommée, je préfère changer de sujet...

Je risque de t'assommer encore plus (rire). Tu te rappelles de notre prochain thème, c'est toi qui l'avais choisi d'ailleurs !

Oui l'apostasie. Est-il vrai que l'Islam punit les croyants qui perdent leur foi ?

Oui, le droit musulman est contre la liberté. Pas de liberté pour sortir de l'Islam, de changer de religion. Tu es là devant un exemple flagrant montrant l'opposition frontale entre l'Islam et la modernité et toute la philosophie des droits de l'homme.

---

[1] http://www.tunisie-secret.com/Selon-Al-Azhar-la-charia-autorise-le-cannibalisme_a362.html

Je risque de me répéter, mais le texte, c'est le texte ; la vie des musulmans, c'est autre chose. Tout ça fait partie de l'histoire des sociétés islamiques ?

Je voudrais bien, mais la réalité est malheureusement amère. Sais-tu que la règle de la peine de mort pour l'apostat subsiste toujours en Iran, dans les pays du Golfe, en Afghanistan même après la chute des Talibans, etc... ? Même si l'apostasie a disparu du droit écrit dans beaucoup de pays islamiques, tout apostat est symboliquement condamné à mort. On naît musulman et on doit mourir musulman.

Le Coran ne dit-il pas dans l'un de ses versets : « Pas de contrainte en religion » ?

Je l'attendais celle-là ! (rire)

Et que réponds-tu ?

L'apostasie est dans l'Islam un crime punissable de mort. Ce verset *la Ikrah fi addin,* pas de contrainte en religion (XI : 257) tant répété n'a jamais signifié concrètement une quelconque tolérance religieuse. Loin des querelles verbales, les territoires de l'Islam sont-ils ou ont-ils été un jour un foyer de tolérance religieuse ?

Je ne sais pas.

Le prophète ne disait-il pas : « Celui qui quitte sa religion (l'Islam), tuez-le ». Il n'y a pas d'autre punition. Tarek Oubrou, l'ex-président de l'Association des Imams de France et recteur de la mosquée de

Bordeaux, précise bien ce qu'il faut entendre par « Pas de contrainte en religion », souvent cité pour convaincre que l'Islam respecte la liberté de conscience.

Que dit-il ?

« L'Islam, dit-il, n'impose pas la foi et l'homme reste libre de croire ou ne pas croire. Mais une fois qu'on a adhéré à la foi musulmane, qu'on accepte la révélation et le dogme, il y a inévitablement des conséquences comportementales. Quitter sa religion est clairement interdit par le Coran. » Tu sais à quoi je pense ?

Non.

L'imam me fait penser à la doctrine de

Brejnev, selon laquelle aucun pays qui a été communiste ne peut quitter l'orbite soviétique. L'apostasie, le révisionnisme, c'est kif-kif ! Mais si le mur de Berlin est tombé depuis belle lurette, le mur de l'apostasie est toujours debout, aucune autorité n'a osé jusqu'ici prendre l'initiative de proclamer sa fin officielle. Et c'est cela qui pose problème et empêche les musulmans d'épouser les idées de leur temps. En un mot, la modernité.

Selon toi, quelle est la différence fondamentale entre l'Islam et la modernité ?

Ce n'est pas évident de comparer l'incomparable, mais disons que dans la vision musulmane, l'homme agit sous le regard de Dieu qui lui cadre sa liberté et dans la modernité, c'est l'être humain lui-même qui représente la valeur absolue de l'univers, ce qui favorise le développement de la raison. En revanche la théologie islamique n'aide pas à l'éclosion du rationalisme, ni à la responsabilité individuelle, ni n'encourage le libre exercice de l'esprit critique. Mais toi, je sais, tu veux des exemples tirés de la vie quotidienne, je te comprends.

Exact.

Voilà quelques exemples concrets qui te mettent devant la contradiction flagrante entre l'Islam et la modernité. Un musulman ne peut travailler dans un bar où on sert de l'alcool parce que selon l'Islam, est maudit celui qui boit du vin, celui qui le presse, celui qui le transporte, et celui qui le vend.

Y a-t-il des élections dans ces pays ?

Oui, mais quelles élections ? Celles de la république islamique d'Iran ou les élections à Gaza ? La définition du mot démocratie suffit à prouver qu'elle est contraire à l'Islam : « le pouvoir du peuple. » En Islam, le pouvoir n'appartient pas au peuple, mais à Allah.

C'est-à-dire ?

Les hommes ne peuvent pas voter pour légaliser ce qu'Allah a interdit ou pour interdire ce qu'il a légalisé. Celui qui ose quelque chose dans cet ordre, il sera excommunié, apostasié.

En Occident, l'Islam est devenu une religion individuelle qui ne regarde que

ses adeptes et ne gêne guère les voisins non musulmans ?

Tu rêves ! L'actualité nous dit le contraire. Que dis-tu des piscines mixtes ? Voiler des adolescentes, voire des enfants ? Exiger des gynécologues femmes pour ausculter les femmes musulmanes ? Occuper la rue pour prier le vendredi ? Ne pas servir d'alcool dans certains établissements fréquentés par des musulmans ? Les pouvoirs publics en France par exemple ont cédé devant cette logique communautaire qui veut que l'individu ne s'appartienne pas mais relève d'une tribu statuant contre ses opinions personnelles. Sais-tu que le consulat marocain de Bordeaux s'est opposé à la volonté d'un citoyen français d'origine marocaine de se faire incinérer ? Et il a réussi à interdire son incinération. Tiens, écoute ce que dit l'imam de la mosquée de Lille-Sud et président de la ligue islamique du nord : « Dans l'Islam, la notion de citoyenneté n'existe pas, mais celle de la communauté est très importante car reconnaitre une communauté, c'est reconnaitre les lois qui la régissent ».

Étonnant !

Il y a pire, écoute ce qu'il dit encore : « Seule une autorité judiciaire musulmane doit définir et vérifier les causes de l'apostasie d'une personne. » Il parle encore d'apostasie.

C'est grave ! Mais en général il y a une reconnaissance de la loi positive ; il y a une coexistence.

Mais jusqu'à quand ? Ce qui est inquiétant, ce ne sont pas les gens, mais quand leur idéologie est une religion comme en Islam.

L'Islam est-il une idéologie pour toi ?

Oui, l'islam veut tout expliquer, encadrer la vie de ses adeptes. Dans ce sens, il est une idéologie… Comment rester sympathique avec ses voisins non musulmans quand votre Dieu vous dit dans le Coran : « Vous êtes la meilleure communauté au monde : vous ordonnez le convenable et interdisez le blâmable et croyez en Allah. Si les détenteurs de l'Écriture (les juifs et les chrétiens) avaient cru, cela eût été mieux pour eux. Parmi eux, il est des croyants, mais la plupart sont pervers. »… Tu aimes les blagues, toi ?

Et comment !

Je vais t'en raconter une.

Cool !

Réunis pour une conférence, intitulée *La Mecque, centre de terre, théorie et pratique,* des scientifiques et des religieux, coachés par le président du Conseil de la fatwa, ont demandé que l'heure universelle (mais colonialiste, création de juifs et de chrétiens) soit remplacée par la vraie heure universelle et scientifique : l'heure de la Mecque.

Mais où est l'islamisme, l'intégrisme, le fanatisme dans tout ça ?

Le fanatisme, comme disait le philosophe André Comte-Sponville, c'est prendre sa foi pour un savoir ou vouloir l'imposer par la force. Les deux, ajoutait-il, vont presque toujours de pair, le dogmatisme et le terrorisme se nourrissent l'un de l'autre.

Que veux-tu dire par là ?

Que la différence entre un musulman intégriste et un musulman tout court n'est pas évidente. Il ne faut surtout pas tomber dans l'éclectisme des réformistes : ce qui est bon, c'est le vrai Islam ; ce qui n'est pas bon, c'est l'intégrisme islamique. La lapidation c'est dans la charia islamique, l'amputation de la main du voleur, voiler les femmes, la polygamie… ne sont pas des créations intégristes.

Mais qui te dit que les musulmans voudraient vivre sous la charia ?

Laisse-moi rire. Il faut voir le nombre de fatwas émises tous les jours à travers le monde islamique pour s'en rendre compte. Tu sais, le croyant musulman veut être un musulman parfait, conforme à ce que veut la loi coranique, la charia.

Qui donne la norme ?

Chaque jour, la Maison de la Fatwa en Égypte produit plus de 1 000 fatwas par téléphone et en quatre langues. En 1925 Kemal Atatürk se révoltait ainsi : « Je refuse tout bêtement de croire qu'aujourd'hui, dans la lumineuse présence de la science, de la connaissance et de la civilisation sous tous ses aspects, il puisse exister des hommes assez primitifs pour aller chercher leur bien être moral et matériel dans les conseils de tel ou tel cheikh. »

Il a raison.

Oui, pour toi, mais pas pour des jeunes et moins jeunes de banlieues françaises qui, 88 ans après cette idée, ne cessent de demander conseils aux imams saoudiens et autres charlatans religieux par téléphone et Internet.

Soyons francs et directs, tu veux dire que l'Islam engendre automatiquement l'intégrisme ?

J'ai dit mieux que ça : « L'intégrisme est à l'Islam ce que le chômage est au capitalisme : inhérent. » Le titre de nos discussions signalait déjà cela : islam(isme). L'intégrisme est-il vraiment la maladie de l'Islam ?

Ce n'est pas à moi de répondre. Moi, je pose les questions, monsieur (rires) !

Je réponds, madame : chaque religion a l'intégrisme qu'elle mérite, voire l'intégrisme qui la démystifie. L'islamisme ou l'intégrisme n'est pas un accident, il est intrinsèque à l'Islam et à toute religion. L'intégrisme islamique n'est donc pas une crise de l'Islam, c'est la crise de l'Islam. Qui parmi les musulmans oserait, par exemple, remettre en cause l'apostasie ou le statut inferieur imposé aux femmes ?

Personnellement, je connais des musulmans qui ne font ni le ramadan, ni la prière.

C'est un fait, mais tu prends ici la modernité pour l'Islam. L'Islam, ce n'est pas les musulmans laïcs et modernistes, ce n'est même pas les musulmans tout court. Sinon les dribles de Zidane seraient islamiques ! Tu ne dois pas confondre entre les acquis de la modernité et l'Islam. Tu sais pourquoi tes amis sont tolérants ? Parce qu'ils sont modernes, non parce qu'ils sont musulmans. Il ne faut jamais confondre Islam et musulmans. Effectivement, il existe des musulmans modérés, mais la logique théologique de l'Islam n'est pas modérée du tout. Tu sais, même les extrémistes intégristes sont parfois plus modérés que leur dogme religieux.

N'importe quoi !

Le Coran autorise l'esclavage, des

concubines sans limites, etc. La majorité des islamistes n'appellent pas au retour de ces pratiques horribles, du moins explicitement. Mais la question de tes amis « musulmans et modernes », mérite quelques clarifications.

Lesquelles ?

Je laisse la parole à Wafa Sultan, la psychiatre syrienne :

« Je crois que l'appellation de modérés n'est pas correcte ; je ne crois pas qu'il y ait de musulmans modérés. Je crois qu'il y a des modérés en termes de culture, des musulmans modérés, mais pas en ce qui concerne la religion, car vous devez croire à tous les préceptes comme étant sacrés. Vous ne pouvez pas les changer, vous devez les accepter comme ils sont, sinon vous n'êtes tout simplement pas musulman. »

Il ne faut surtout pas oublier que pour une immense majorité de musulmans vivant en Occident le Coran est le dernier mot de Dieu, la dernière parole révélée aux hommes pour leur salut et que toutes les autres religions sont falsifiées. Le Coran est intouchable, inabrogeable. Voilà pourquoi l'Islam est difficilement soluble dans la modernité. Cette religion mène inévitablement au fanatisme. Les autres aussi, mais elles ont été domestiquées, évacuées de l'espace public, critiquées.

C'est ce que font les réformistes musulmans aujourd'hui, les Malek Chebel, Abdelwahab Medab, etc., non ?

Depuis Averroès et son *Fasl Al Makal.* Le

discours décisif le livre de la conciliation entre la raison et la révélation (XIIe siècle) en passant par Ali Abderrzak et son livre *L'Islam et les fondements du pouvoir* (1925) où il disait, que le califat est une invention contraire aux enseignements islamiques jusqu'à Malek Chebel et son *Amour en Islam* (2003), ces réformistes n'ont formulé aucune critique sérieuse de la religion islamique. Ils n'ont critiqué que des interprétations jugées fausses de la religion. Pour eux, l'Islam est parfait. D'ailleurs pas de philosophie en Islam.

Pas de philosophie ? Comment ? Et pourquoi ?

La démarche islamique est contraire à tout esprit libre, philosophique. Le philosophe est quelqu'un qui refuse d'inscrire sa propre réflexion dans un système préétabli. Et l'Islam en est un.

Tu ne vois pas que l'intégrisme est un résultat direct de la misère sociale et économique ?

En partie seulement. Même si tout allait bien, l'intégrisme islamique existerait forcément.

Et pourquoi ?

Dire que l'intégrisme est appelé à disparaître avec le progrès de l'instruction, que l'Islam n'a pas encore opéré la révolution de la laïcité et que la solution résidait dans le progrès social, économique et culturel est un non-sens à mon avis. Regarde les pays du Golfe, les islamistes en

Europe et en Amérique sont-ils pauvres et ignorants ?

Tu ne peux nier qu'en Algérie et en Égypte que l'intégrisme est une résultante de la crise sociale et économique ?

Prenons l'exemple algérien !

OK.

Des sociologues et autres experts de tout genre, expliquent la montée de l'intégrisme en Algérie par le manque d'instruction, d'éducation, de culture... Mais si on observe la question sur le terrain, c'est tout le contraire. Les commentateurs regrettent le temps où l'Algérien vivait sa religion en paix, l'Islam populaire, racontent-ils.

N'ont-ils pas raison ?

Mais la question qu'ils n'ont pas su poser : pourquoi étaient-ils comme ça ?

Pourquoi donc ?

Jusqu'à la fin des années 80, les Algériens étaient généralement, non seulement pour la modernité, mais ils la vivaient.

C'est vrai ?

Oui, parce qu'ils ne connaissaient pas l'Islam savant, ils vivaient une occidentalisation inconsciente.

Et après ?

Avec la généralisation de l'enseignement, ils ont rencontré l'Islam des livres, venus de l'Orient et ils ont voulu réislamiser leur vie.

C'est ce qu'on a appelé la *sahwa*, le réveil islamique. Ils ont voulu coller aux vrais textes islamiques, délaisser le folklore islamique algérien ancestral, qui était nourri par la modernité. En un mot, ils ont rejeté la modernité, parce qu'elle s'est avérée, avec leurs nouvelles connaissances, en opposition avec le vrai Islam, l'Islam pur et ils ont raison.

Ils ont raison ? Tu n'es pas sérieux là, j'espère !

Si, dans le sens où l'Islam est selon tous ses adeptes une politique, une morale et un droit, *Dine Dounia Dawla*, les célèbres 3D, Religion, Vie et État. D'ailleurs ce qui est enseigné dans toutes les écoles arabes, hormis la Tunisie – jusqu'ici bien sûr car Ennhda de Ghanouchi ne va pas tarder à tout remettre en question.

Dans son essence, l'Islam marie la sphère privée et la sphère publique. Wafa Sultan nous éclaire encore : « Un musulman radical est celui qui retourne aux racines de l'Islam, à ses fondements et à ses dogmes, au Coran et à Mahomet. Un musulman modéré est celui qui s'en éloigne peu et prou. » Combien de musulmans retournent à la source et combien s'en éloignent ?

Combien ?

Tu es vraiment drôle ! C'est évident, il y a un retour massif à l'Islam. Le devoir de croire et peut-être le besoin tend à l'emporter sur le désir de liberté chez les musulmans. Un besoin créé par les États et les religieux. J'allais plagier Spinoza en disant qu'ils combattent pour leur servitude comme s'il s'agissait de leur salut. Même si je veux me convaincre parfois que les Palestiniens de Gaza n'ont pas choisi délibérément les obscurantistes de Hamas, mais ils ont été induits en erreur par leurs conditions de vie avant toute autre chose.

Et tu arrives à te convaincre parfois, comme tu dis ?

J'ai choisi un malheureux exemple, ici nous sommes face au plus dangereux problème politico-religieux où les religieux, au lieu de choisir un bon géomètre, préfèrent régler leurs problèmes de voisinage à coup de Coran et de Bible. Un jour nous discutons des intégristes juifs.

Je veux bien, mais s'agissant de l'Islam,

comment vois-tu l’avenir ?

Nous vivons un retour général des musulmans à l’Islam savant, authentique, à travers le monde entier. C’est un retour aux sources de leur religion, c'est-à-dire le Coran et la sunna, les paroles et les gestes du prophète. Je crois que c’est cela l’intégrisme, la soumission intégrale à Allah et sa loi, une soumission intéressée.

Pour te donner une idée, Allah est cité 2 700 fois dans le Coran, l’homme 167 seulement. L’Islam n’appartient pas au musulman, c’est le musulman qui appartient à l’Islam. Quand les musulmans arriveront à un stade où ils ne se poseront plus la question : le Coran permet-il ou non de faire cela ou cela ? Ou est-ce conforme à la loi islamique ? En ce moment, on pourra parler peut-être d’une réforme de l'Islam dans les pays islamiques. Et parler peut-être d'une citoyenneté paisible des musulmans en Occident !

Tu penses que la citoyenneté du musulman est problématique en Occident ?

La rapide évolution de la société complique davantage la vie du musulman obsédé par la » licéité » de toute chose. Pour être de son temps sans jeter aux orties sa supposée identité culturelle, sa réflexion se limite à trouver des réponses aux questions posées par la nouveauté : l'Islam prohibe-t-il ceci, tolère-t-il cela, désapprouve-t-il ou recommande-t-il telle ou telle chose, telle ou telle invention, telle ou telle mode... ? Une vie colonisée, alourdie par le mythe d'un passé supposé glorieux. L'ex-président de l'Union des Organisations Islamiques de France qui préfère sans état d'âme la charia islamique : « Le foulard islamique est une question qui doit être réglée par les autorités musulmanes. L'État de droit ne s'appliquerait pas aux enfants dont les parents sont de confession musulmane ! »

Effectivement, c'est inquiétant !

Un jour peut-être, tu arriveras à ne plus faire de différence entre cet islam rêvé pacifique, ouvert, vendu partout en Europe et l'autre Islam intégriste violent, abhorré par tout le monde.

Quoi ?

Même s'il est bon ton de faire cette

distinction virtuelle, personne ne peut cacher que les interdits et les blocages faisaient partie intégrante de l'Islam. Tu dois savoir que plus de 80 % de musulmans respectent ces interdits.

Pour quelles raisons n'arrivent-ils pas à se libérer de tout ça ?

Dans les autres religions, les adeptes cherchent, grosso modo, l'apaisement plus que la vérité. Et cela contredit la modernité qui est porteuse de doute et de diversité.

Ils ne sont pas à l'aise en Occident ?

Évidemment, l'environnement libéral les agresse et ils ripostent par diverses manières. Et comme ils ne peuvent pas changer leur religion, ils essayent de changer l'environnement, adapter le monde à leur religion.

Quelle alternative pour les musulmans alors ?

La séparation de la raison et de la révélation est inévitable, ces acrobaties qui tentent de réconcilier le Coran avec le progrès sont vaines.

Comme pour la révolution iranienne, les droits des femmes ne sont pas une préoccupation première dans les débats politiques. Comment expliques-tu ça ?

Cela dépend de l'expérience historique de chaque pays. Mais cela s'explique globalement par le regard rétrograde que porte l'idéologie islamique sur la femme. Il est presque admis dans tous les pays islamiques que la femme est inférieure à l'homme. Personne ou presque ne pourrait rejeter ouvertement les versets coraniques qui prétendent l'infériorité de la femme. Face aux versets coraniques, pas de débat. L'examen critique du statut des femmes dans le corpus juridique est condamné par tous les musulmans. Donc sans le dépassement de l'idéologie islamique, la condition de la femme dans ces pays reste inhumaine. C'est presque la quadrature du cercle à l'heure actuelle !

Contrairement aux dictatures qui réprimaient les islamistes, la démocratie permet à ceux-ci d'agir ouvertement et en toute légitimité. L'Égypte, la Tunisie sont tombées par les urnes. Doit-on craindre d'autres scénarios semblables ?

Les dictatures n'ont pas réprimé les islamistes parce qu'ils étaient obscurantistes, mais parce qu'ils voulaient le pouvoir. Les dictateurs arabes partagent la même idéologie avec les islamistes. L'école, la rue, les syndicats… tout a été offert aux islamistes. Ils gouvernaient déjà indirectement dans la majorité des pays arabes. Maintenant ils passent directement aux commandes. Le vote au lieu du coup d'État. Tout est fait pour que les islamistes gagnent partout les élections. Pourquoi ? Parce que dans ces pays, il n'y a pas de politique, les gens votent pour un projet de société, non pas pour un projet politique. Les régimes dictatoriaux ont tué le politique et encouragé le religieux. Sans laïcité, il n'y a ni politique, ni démocratie.

Les Frères musulmans, en Tunisie et en Égypte, disent s'inspirer d'un Islam modéré en suivant la Turquie d'Erdogan…

L'islamisme en Turquie est venu au pouvoir dans un État laïque ou presque. La laïcité a précédé l'islamisme. Et c'est ce dernier qui essaye de s'adapter. Dans le monde arabe, c'est tout à fait le contraire. Pas d'institutions étatiques fortes. Erdogan est condamné à être « modéré », ce n'est point un choix. Dans un coin de sa tête survit toujours l'empire islamique ottoman. En dépit d'une constitution laïque, il n'a cessé de remettre en cause la laïcité de l'État depuis son accession au pouvoir. Lui qui aspire à voir son pays accepté dans l'Union Européenne vient de déclarer en Allemagne que l'assimilation des musulmans en Europe est un crime contre l'humanité. En l'absence d'un État fort, l'islamisme arabe crée son propre État : une entité religieuse qui applique la charia à la lettre comme en Arabie saoudite.

Comment expliques-tu le triomphe des islamistes ?

Les islamistes sont comme le poisson dans l'eau dans toutes les sociétés arabes. Sincèrement, à part la barbe et le voile, il est même très difficile de trouver de grandes différences entre musulmans et islamistes. Durant les deux décennies qui suivirent les indépendances, on a seriné que l'Islam est un tout, religion et État. Et en évidant soigneusement les crânes à l'école, on a ouvert les portes à l'obscurantisme qui s'est faufilé sans aucune peine dans les esprits. Et on récolte aujourd'hui ce que l'on a semé.

Quel serait l'impact des printemps arabes sur l'avenir de l'Occident ?

À moyen terme, les gouvernements occidentaux ne trouvent aucun inconvénient à composer avec les islamistes au pouvoir. Comme ils ont toujours su composer avec les despotes arabes. L'Occident est en voie d'islamisation depuis au moins deux décennies, il n'a pas attendu le printemps arabe, il est déjà bien installé dans l'hiver islamique. Mais l'avenir occidental et du monde sera laïque ou ne sera pas : les religions portent la guerre comme les nuages portent la pluie.

En tout cas, il y a beaucoup de choses à dire encore, mais je crois que nous avons dit l'essentiel, je te laisse le dernier mot.

Non, le dernier mot est à toi.

Je le laisse avec plaisir à Oscar Wilde : » Je ne suis pas du tout cynique, j'ai seulement de l'expérience, c'est à peu près la même chose. »

Du même éditeur

Ils ont tué la télé publique, Jean Robin, avril 2006
La judéomanie, elle nuit aux juifs, elle nuit à la République, Jean Robin, août 2006
L'immigration par escroquerie sentimentale, Marie-Annick Delaunay, novembre 2006
Le Huitième Mort de Tibhirine, Rina Sherman, fév 2007
Les Chemins de la Puissance, collectif d'universitaires sous la direction de Christian Harbulot, février 2007
Experto, 1001 classements, collectif, octobre 2007
L'Oublié d'Outreau, Ludovic Lefebvre, février 2008
Le Monde des Truands, Dominique Zardi, avril 2008
Le Crépuscule des élites, Louis Dalmas, octobre 2008
Sexe, amour et timidité, Jean-Paul Benglia, nov 2008
La position du missionnaire, Alain Finkielkraut décrypté, Jean Robin, mars 2009
La Mosquée Notre-Dame de Paris, Elena Tchoudinova, avril 2009
Radars, le grand mensonge, Jean-Luc Nobleaux, novembre 2009
Voilà, justice, pourquoi je te hais, Marie-Elisabeth Claustre, novembre 2009
Dictionnaire des débats interdits mais légaux, Jean Robin, mars 2010
L'Horreur européenne, Frédéric Viale, avril 2010
Les meilleures Facebookeries, Jean Robin, septembre 2010
Ces maires qui courtisent l'islamisme, Joachim Véliocas, octobre 2010
La rencontre amoureuse à la portée de tous, Jean-Paul Benglia, février 2011
Décrypter l'antiracisme en 1h, Christophe Bentz, avril 2011
Entre la haine et l'espoir, Jean Robin, septembre 2011
Jonathan Gullible, Ken Schoolland, octobre 2011
Sarkomensonges, Christian Grégoire, novembre 2011
Antifa, petit manuel antifasciste, Oskar Freysinger, novembre 2011
La Bible en BD, version non censurée, Jean-Pierre Petit, janvier 2012
Al-Dura, ou du bon usage de l'indignation, Samuel Nili, janvier 2012
L'académie des anges, Coline Mulatier, janvier 2012
Dieu, les miracles et la science, Lucien Daly, mars 2012
Qui veut encore tuer le Christ, Gilbert Abas, mars 2012
Petit guide de l'antidéprime, Marc Hillman, avril 2012

Après l'accident atomique, Yves Lenoir, juin 2012
Le livre le plus utile au monde, Jean Robin, juin 2012
Le désastre Obama, Guy Millière, septembre 2012
Sécu, comment faire mieux ?, Dr Patrick de Casanove, septembre 2012
Les oiseaux noirs de Calcutta, Anna Lauwaert, septembre 2012
L'horreur étatique, Alain Le Bihan, octobre 2012
Un Français à Belgrade, Patrice Champion, octobre 2012
Manuel d'antidogme, Patrice Champion, octobre 2012
Le livre noir de la gauche, Jean Robin, novembre 2012
Le grimpeur maudit, Anna Lauwaert, novembre 2012
Ces grands esprits contre l'islam, Jean Robin, janvier 2013
C'est scientifiquement démontré !, Jean Robin, février 2013
Vérités sur le Moyen-Orient, Léon Bessis, mars 2013
Le modèle français dans l'impasse, Jean-Louis Caccomo, mars 2013
L'État à l'étoile jaune, Guy Millière, mars 2013
Contre l'Europe de Bruxelles, Fonder un État européen, Gérard Dussouy, avril 2013
Pour un antiracisme de droite, Jean Robin, mai 2013
D comme DRH et dépressif, Jacky Lhoumeau, septembre 2013
Les dernières années de Tchaïkovsky, Laurence Catinot-Crost, septembre 2013
Le livre noir de l'Union européenne, Jean Robin, octobre 2013
Le livre noir de l'écologie, Jean Robin, novembre 2013
Le livre pour être heureux, Jean Robin, novembre 2013
L'histoire vraie d'un jeune hacker français, Sophie Léac, nov 2013
Pourquoi je vais quitter la France, Jean-Philippe Delsol, nov 2013
La face cachée de l'affaire Tapie, Sidney Touati, nov 2013
Les confessions de Mishka, Thérèse Zrihen-Dvir, janvier 2014
Le livre noir de l'AFP, Jean Robin, janvier 2014
KO-Tabac, de Xavier Tramon, janvier 2014
Le livre noir des services publics, Jean Robin, février 2014
La sanglante vie du baron Ungern von Sternberg racontée par lui-même, Roman Ungern, mars 2014
Justice criminelle, de Frédéric Valandré, mars 2014
54 ans, chômeur et toujours vivant, Alain Silver, mars 2014
Artisan, le parcours du combattant, Marcel Hart, mai 2014
La religion sans épines, Philippe Lauria, mai 2014
Pour une France libérée, Christian Vanneste, mai 2014